주님으로부터 2

주님으로부터 2

내 영혼을
살리고 일으키시는
주님의 말씀

임은미

규장

프롤로그

"너희가 살아나리라!"

나는 어떤 책을 쓰기 전에, 그리고 써가는 동안,
또 다 쓰고 난 다음에도 그 모든 과정을
나의 중보기도 팀원들에게 기도 부탁을 드린다.

나에게는 약 1,000명의 중보기도 팀원들이 있다.
나 한 사람을 위해 1,000명이나 되는 사람들이
기도해준다는 것은 참으로 큰 감사가 아닐 수 없다.

내가 《주님으로부터》 책을 쓸 때 하나님께서 주셨던
약속의 말씀은 "이 책을 읽는 모든 사람이 나의 임재를
경험하게 될 것이다"였다.

그리고 책이 출판된 이후, 정말 많은 분으로부터
"《주님으로부터》 책을 읽는데, 마치 하나님께서
제게 직접 말씀하시는 것 같았어요"라는 고백을 들었다.
그 책 전체를 필사한 분이 많다는 이야기도 들었다.
하나님은 그 약속을 신실하게 지켜주셨다.

《주님으로부터 2》를 쓸 때는
솔직히 마음에 갈등이 없지 않았다.
어떤 글은《주님으로부터》에 나온 글의 내용과
비슷하다는 생각이 들었고,
내가 굳이《주님으로부터 2》라는 책을 써야 하나
고민도 되었다.
그때 주님께서 내게 이렇게 말씀하셨다.

"얘!
마태복음, 마가복음, 누가복음, 요한복음에도
중복되는 나의 가르침이 있지 않으냐?

너의 두 번째 책에 내가 첫 번째 책에서 한 말이
중복된다 하더라도 무엇을 근심하느냐?
모든 것은 내가 할 것이다.
내가 그들의 마음에 그들에게 필요한 은혜를 줄 테니
너는 그저 받아쓰기만 하여라."

그 말씀을 듣고 나서야,
나는 끝까지 이 책의 원고를 마칠 수 있었다.

이번 두 번째 책을 시작하며
하나님께서 주신 약속의 말씀은 아래와 같다.

주 여호와께서 이 뼈들에게 이같이 말씀하시기를
내가 생기를 너희에게 들어가게 하리니
너희가 살아나리라 에스겔서 37장 5절

이에 내가 그 명령대로 대언하였더니
생기가 그들에게 들어가매 그들이 곧 살아나서
일어나 서는데 극히 큰 군대더라 에스겔서 37장 10절

첫 번째 책이 하나님의 위로가 담긴 책이었다면,
하나님께서 《주님으로부터 2》는
많은 사람을 살리시고, 일으키시고,
전쟁에서 승리하도록 도우시는 책이 될 것이라고 하셨다.

살아나리라!
일어나리라!
승리하리라!

《주님으로부터 2》가 출간될 수 있도록
함께 기도로 동역해주신 모든 분께 진심으로 감사드린다.

임은미 선교사

프롤로그

1부 준비

내 마음을 닮아가면 좋겠구나 • 16
무조건 감사하여라 • 18
삶의 우선순위를 바르게 하라 • 20
나를 의지하는 마음이 우선이 될지라 • 22
하나님을 힘써 알아가라 • 24
하나님의 뜻과 시간보다 중요한 것 • 26
너와 영원한 추억을 만들고 싶구나 • 28
심은 대로 거두리라 • 30
너는 복음의 통로가 될지라 • 32
너를 향한 온전한 뜻이 있느니라 • 34
거룩한 고민을 하는 네가 되기를 원하노라 • 35
너의 억울함을 내게 토로할지니라 • 36
낙담하지 말고 기다릴지니라 • 38
하나님의 시간을 잠잠히 기다릴지니라 • 40
내가 네 오른손을 들어줄 것이니라 • 42
응답을 기다릴 때 나를 존중하라 • 43
선한 일을 하기 전에 내게 먼저 물어보렴 • 46
너를 향한 아름다운 계획이 있단다 • 48
가족의 구원을 위해 기도하라 • 49
네 주위를 돌아볼지니라 • 50
나의 일에도 관심을 가지면 좋겠구나 • 52

차례

나는 너의 모든 것에 관심이 있단다 • 54
나의 시간을 존중하고 인정할지니라 • 57
내가 너에게 일러주리라 • 58
너는 내 인정으로 만족할지니라 • 60
내게 받을 칭찬을 사모할지니라 • 62
무엇보다 나를 사모할지니라 • 64
네 결정을 내게 맡길지니라 • 66
순종함으로 나의 기쁨이 되어주렴 • 68
성숙의 과정을 견뎌낼지니라 • 70
네 기도를 듣고 계심이라 • 72
약속의 말씀을 견고히 붙들지니라 • 74
내가 너를 올바른 길로 인도하여주리라 • 76
아무것도 염려하지 말라 • 78
계획이 변경될 때 당황하지 말라 • 80
내게 명령하지 말고 사랑을 배워갈지니라 • 82
내 목소리 듣기를 사모할지니라 • 85
나와 동행하는 네가 되면 좋겠구나 • 86
네 마음이 한결같기를 원하노라 • 88
내 옆에 있어줘서 고맙구나 • 90
준비하는 마음으로 깨어 있을지니라 • 92
너는 나의 재림에 준비되어 있느냐? • 94

2부 정결

정결한 신부가 될지라 · 98
신부가 가장 귀히 여겨야 할 것 · 100
분별하여 정결을 이루라 · 102
경건하고 거룩하고 정결하라 · 104
빛과 소금으로 살아갈지니라 · 106
나 외에 다른 우상을 두지 말지니라 · 108
내 음성을 잘못 듣더라도 낙망하지 말라 · 110
네 말을 내가 듣고 있음이라 · 112
내가 너를 선대하리라 · 114
헛된 영광을 구하지 말라 · 116
내 형상을 닮아갈지니라 · 118
나만 생각할지니라 · 120
그 '한 가지'를 내려놓을지니라 · 122
너의 관계를 돌아볼지니라 · 124
정직히 행하는 자가 될지니라 · 126
내가 너를 알고 있으니 평강하라 · 127
너의 수치를 내가 다 감당하였노라 · 128
죄를 사함받을 때 어떤 마음이어야겠느냐 · 130
하늘나라의 의를 먼저 찾는 자가 되어라 · 133
내가 너를 깨끗하게 하였노라 · 134
감정을 믿지 말고 성경 말씀을 믿으라 · 136

내 음성 듣기를 멈추지 말지니라 • 138
네게 긍휼 베풀기를 원하노라 • 140
사랑으로 행할지니라 • 142
사랑의 마음을 품기를 원하노라 • 144
사랑이 열매가 되도록 기도할지니라 • 146
모든 영혼을 귀히 여길지니라 • 148
네 이웃이 누구인지 돌아보아라 • 150
사랑의 하나님을 배워갈지니라 • 152
하나님의 기쁘신 뜻 • 154
너의 그 자리에 내가 좌정하고 있음이라 • 156
그 말 한마디 안 들으면 어떠니 • 158
남을 판단하지 말라 • 160
네 말의 숫자를 내가 세고 있음이라 • 162
예수 그리스도를 가장 잘 본받은 모습은 • 164
기도의 응답은 내게 있단다 • 166
기도 부탁받는 것을 기쁘게 여겨라 • 168
내가 너와 함께하니 평강할지니라 • 170
내가 거룩하니 너희도 거룩하라 • 172
내가 다시 올 그때를 늦추고 있는 이유 • 174
정결한 마음을 사모할지니라 • 175
나의 거룩함을 주목할지니라 • 178

3부 승리

네가 의지하는 것들이 모두 사라진 이유 · 182
네 감정을 따라 마음을 빼앗기지 말라 · 184
혼자일 때도 의의 병기로 살라 · 186
네 이웃을 귀중히 여길지니라 · 190
이웃 사랑하기를 힘쓸지니라 · 192
감사로 충만하길 원하노라 · 194
모든 환경에 감사할지니라 · 196
감사는 평정의 마음과 함께 가느니라 · 198
어떤 일을 만나도 감사로 따라주렴 · 200
평강이 없다면 마음 다해 나를 찾으라 · 202
평강을 따라 행하라 · 204
어떤 환경에서든 기쁨을 선택하라 · 206
새 힘을 공급받는 비결은 기쁨에 있단다 · 208
순종의 때를 놓치지 말라 · 210
재물과 건강보다 평강을 지킬지니라 · 211
긍휼의 하나님 아버지를 아는 믿음 · 214
내게 나아와 마음을 털어놓으렴 · 216
일어나 빛을 발할지니라 · 218
낙담을 소망으로 바꿀지니라 · 220
너의 수고가 헛되지 않음이라 · 222
내가 내민 손을 잡을지니라 · 224

나를 위한 수치를 내가 갚아주리라 · 226
너의 큰 힘은 나를 기뻐하는 것이니라 · 228
네가 나를 자랑할 때 나도 기뻐한단다 · 229
내 앞에서 살아갈지니라 · 230
나의 뜻을 알았다면 곧바로 순종하라 · 232
걱정을 내려놓고 기도할지니라 · 234
네게 기적을 베풀 하나님을 믿을지니라 · 236
네게 필요한 것은 믿음이란다 · 238
능력의 하나님이 너와 함께한단다 · 240
나는 너의 아버지란다 · 242
너의 평생을 책임져줄 여호와 하나님이라 · 244
내가 너의 상이 되어주겠노라 · 246
네 선행을 내가 헤아리고 있음이라 · 248
때를 만나든지 못 만나든지 전도하라 · 250
너를 복음의 통로로 선택하였음이라 · 252
인내하는 네가 되기를 축복하노라 · 254
나의 사랑을 의심하지 말지니라 · 256
내 이름이 능력이 되었음이라 · 258
정직은 큰 영적 무기가 되느니라 · 260
내가 너를 도울 것이요 승리는 네 것이라 · 261

1부

준비

내 마음을 닮아가면 좋겠구나

네 마음에 여호와 하나님의 마음이
같이 있으면 참 좋겠구나.

내가 가장 사랑하고 가장 원하는 것이
네 마음에도 똑같이 있으면 좋겠구나.

너는 내가 무엇을 가장 원한다고 생각하느냐?
바로 영혼 구원이겠지.

내가 창조한 나의 피조물들
내가 너무도 사랑하는 나의 모든 피조물이
다 내게로 돌아와서 나를 창조주로 섬기고
나는 그들을 나의 아들딸로 사랑하며
함께 시간을 갖는 것을 내가 가장 원한단다.

나의 이 마음이 네 마음에도 전해지면 좋겠구나.
내 마음을 네가 닮는다면 너무나 좋겠구나.

한 사람 한 사람, 한 영혼 한 영혼
그들을 바라보는 너의 눈길이
나의 눈매를 닮으면 정말로 좋겠구나.

나는 성경 말씀에 약속한 것처럼
이 땅에 예수 그리스도가 재림하는 것을
네가 믿고 상고하고 기다리기를 원하노라.

그날은 오고 있음이라.
누가 뭐라고 해도 그날은 오고 있음이라.

너는 준비할지니라.
준비되어 있을지니라.
또한 준비시키는 사람이 될지니라.

주인이 와서 깨어 있는 것을 보면 그 종들은 복이 있으리로다
내가 진실로 너희에게 이르노니 주인이 띠를 띠고
그 종들을 자리에 앉히고 나아와 수종들리라 눅 12:37

무조건 감사하여라

너는 범사에 내게 감사하느냐?
다시 묻노니, 범사에 내게 감사하느냐?

내가 분명히 "범사에 감사하라" 하였고
모든 일에 감사하는 것은
너를 향한 나의 뜻이라고 말했느니라.

너에게 알려준 뜻과 알려주지 않은 뜻이 있을 때,
'하나님, 이것이 무슨 뜻일까요?'
'왜일까요?'
'언제일까요?' 물어보면서

마음이 답답하고 초조해지면
내가 너에게 먼저 알려준 뜻을 행할지니라.

그것은 범사에 감사하는 것이라.

무슨 일인지 몰라도 감사하고
예상하지 못한 일이 발생해도 감사하고
이 상황을 수습할 수 없을 것 같은 마음에도 감사하고
넉넉히 감당할 수 있을 것 같은 마음에도 감사하고
무조건 감사를 하여라.

그 감사가
너의 다음 단계로 인도하는 문이 되어줄 것이니라.

강한 손과 펴신 팔로 인도하여 내신 이에게 감사하라
그 인자하심이 영원함이로다 시 136:12

삶의 우선순위를 바르게 하라

너는 어떠한 자리에 가기를 원하느냐?
어떠한 자리를 간구하고 있느냐?
내가 너를 어떠한 자리에 세워주면 좋겠다고
소망하며 기도하고 있느냐?

너는 나에게 자리를 내어주고 있느냐?
나는 나에게 최고의 자리를 내어주는 자,
그 자녀에게 자리를 내어줄 수 있는 여호와 하나님이라.

자리는 내가 만드는 것이라.
기억할지니라.
자리는 내가 만드는 것이니라.

그리고 내가 세워줄 것이니라.
내가 세우고 싶어 하는 사람을 세워줄 것이니라.

그러나 네 삶의 우선순위가 하나님이 아니라면,
하나님을 경외하는 것이 네 우선순위가 아니라면,
내가 왜 굳이 네게 자리를 만들어주어야 하겠느냐?

네가 내게 영광을 돌릴 것도 아니고
내 이름을 사람들에게 말할 것도 아닌데

그러한 네게 내가 왜 자리를 내어주어야 하겠니?
그러한 네게 내가 왜 자리를 만들어주어야 하겠니?

네 삶의 우선순위를 정확히 아는 지혜가
너에게 있기를 내가 원하노라.

부와 귀가 주께로 말미암고
또 주는 만물의 주재가 되사 손에 권세와 능력이 있사오니
모든 사람을 크게 하심과 강하게 하심이
주의 손에 있나이다 대상 29:12

나를 의지하는 마음이 우선이 될지라

너는 네 자리에 만족하느냐?
스스로 아주 낮은 자로 여기고 있느냐?
그래서 마음이 슬프냐?

걱정하지 말지니라.
때가 있는 것이라.
만사에 때가 있는 것이라.

네가 정하는 것이 아니고
내가 정하는 것이라.

너의 기도도 때를 정하는 것이 아니니라.
기도할 때 너는
때를 기다릴 줄 아는 인내를 배우는 것이지
때를 바꿀 수 있는 게 아니라는 것을
알았으면 좋겠구나.

아무것도 염려하지 말지니라.

네가 어떤 자리에 세움을 입든지
그것보다 더 중요한 것은
네가 아무것도 염려하지 않고
나를 믿고 의지하는 그 마음인 것이라.
그 마음이 우선순위가 되어야 함이라.

오직 재판장이신 하나님이 이를 낮추시고
저를 높이시느니라 시 75:7

사랑하는 나의 아들
사랑하는 나의 딸

아무것도 염려하지 말고 나에게 충성할지니라.
그리고 하나님나라를 먼저 찾는 것에 충성할지니라.
그리하면 모든 것이 더하여진다는 약속의 말씀이
너에게 임할 것이니라.

하나님을 힘써 알아가라

너는 나를 위해 어떠한 일을 하고 싶으냐?
커다란 일을 하고 싶으냐?
많은 사람이 깜짝 놀랄 일을 하고 싶으냐?
그래서 하나님께서 너를 사용하셨다고
사람들이 인정해주기를 원하느냐?

무언가 큰일을 하고 싶다는 마음이
하나님을 섭섭하게 하는 것은 절대로 아니지만,
내가 너에게 원하는 것은 이것이니

네가 큰일을 행하게 해달라고 하기보다는
큰일을 행하고 계시는 하나님을 알게 해달라고
기도하면 좋겠구나.

많은 사람이
하나님이 자신을 큰일에 사용해주시길 원하지만,
여호와 하나님은 그 누구의 도움도 필요 없이
큰일을 행하실 수 있는 분이고,
하나님은 사람들이 그러한 하나님을 알기를 원하시니
여호와 하나님을 알아가도록 할지니라.

하나님께서 너를 통해 큰일을 하실 것을 기대하기보다는
여호와 하나님 한 분이 홀로 좌정하셔서
이 땅과 우주를 어떻게 다스리고 운행하며 역사하시는지
그러한 하나님을 힘써 알아가도록 할지니라.

그것이 너에게 있을 수 있는
가장 큰 일이라는 것을 알면 좋겠구나.

여호와께서 이와 같이 말씀하시되 지혜로운 자는 그의 지혜를 자랑하지 말라 용사는 그의 용맹을 자랑하지 말라 부자는 그의 부함을 자랑하지 말라 자랑하는 자는 이것으로 자랑할지니 곧 명철하여 나를 아는 것과 나 여호와는 사랑과 정의와 공의를 땅에 행하는 자인 줄 깨닫는 것이라 나는 이 일을 기뻐하노라 여호와의 말씀이니라 렘 9:23,24

하나님의 뜻과 시간보다 중요한 것

모든 것엔 시간이 있나니
잠잠할 때가 있으면 말해야 할 때가 있고
쉬어야 하는 때가 있으면
열심히 일해야 하는 때가 있단다.

시간을 잘 알아야 하는 것은
그만큼 성령님의 음성에 민감해야
그 일을 잘할 수 있기 때문이란다.

하나님의 시간
하나님의 뜻
하나님

다 중요하고 네가 알아야 하는 부분이지만
하나님을 알고 난 다음에는
하나님의 뜻이 당연히 궁금해질 것이고

하나님의 뜻을 행하고자 할 때
언제 행해야 하는지가 얼마큼 중요한지
너는 알고 있음이라.

이 모든 시간을 어떻게 알아갈 수 있겠느냐.
나와 친밀한 관계를 맺어야
나의 자그마한 소리에도 귀 기울일 수 있고
시간도 정확히 알 수 있지 않겠니?
오늘도 너랑 나랑 친하게 지내도록 하자꾸나.

하나님의 뜻을 아는 것
하나님의 시간을 아는 것
다 중요하겠지만

그보다 더 중요한 것은
너와 내가 친하게 지내야 한다는 것이다.
그러면 저절로 내 말을 잘 알아듣게 되어 있음이라.

여호와의 친밀하심이 그를 경외하는 자들에게 있음이여
그의 언약을 그들에게 보이시리로다 시 25:14

너와 영원한 추억을 만들고 싶구나

모든 것이 헛되지만
헛되지 않은 게 있다는 것을 너도 알고 있으니
바로 너와 나의 추억이라.

내가 네게 말해준 많은 밀어들
네가 내게 속삭여준 많은 사랑의 언어들
내가 네게 들려준 나의 음성
사람들이 알지 못하는 너의 깊은 속마음
이런 것은 다 우리의 추억이 아니겠니?

너와 나는 추억이 있지 않니!
더 많은 추억을 만들어야겠지?

오늘은 나와 함께 어떤 추억을 만들고 싶니?
우리 함께 만들어볼까?
그런 추억은 네게 '평생' 정도가 아니고
'영원히' 남는단다.

네가 천국에 올라오면
나와 많은 이야기를 나눠야 하지 않을까?

"주님, 그때 이런이런 일 기억하세요?"
"주님, 그때 제게 이런 말씀하셨어요.
 그때 그것이 너무나 큰 힘이었어요."

이런 대화를 나누고 싶지 않니?
그런 대화는 그 어느 것도 헛되지 않단다.

네가 오늘 나와 함께
추억을 만들고, 밀어를 나누고
어제보다 오늘 조금 더
내게 사랑의 고백을 할 수는 없을까?
네가 하는 모든 사랑의 고백 가운데
헛된 것은 아무것도 없으니 말이다.

여호와의 친밀하심이 그를 경외하는 자들에게 있음이여
그의 언약을 그들에게 보이시리로다 시 25:14

심은 대로 거두리라

너는 내가 네 모든 필요를 공급할 수 있는
여호와 하나님이라는 것을 믿느냐?
성경 말씀에 기록된 약속을 그대로 믿느냐?
여호와 하나님이 그 영광의 풍성함을 따라서
네 모든 필요를 채워준다는 성경 말씀을 믿느냐?

나의 하나님이 그리스도 예수 안에서 영광 가운데
그 풍성한 대로 너희 모든 쓸 것을 채우시리라 빌 4:19

그 말씀의 약속이 누구에게 주어졌다고 알고 있느냐?
사람은 심은 것을 거두게 되어 있음이라.

아무도 도와주지 않고
그 누구의 필요를 공급해준 적도 없는데
"여호와 하나님의 약속이 이러하니
그 약속의 말씀대로 내 모든 필요를 채워주세요"
이런 기도를 올리기에 합당하다고 생각하느냐?

도와달라고 손 내미는 사람들을 도와준 공력이
네게 먼저 있었으면 좋겠구나.
그러할 때 네가 나에게 "제 필요를 채워주세요"라고
담대하게 말할 수 있다는 것을 알았으면 좋겠구나.

남들을 도와준 적도 없으면서 나에게 무조건
"하나님의 말씀이 이러하니 나를 도와주세요" 하는 것은
내가 기뻐하는 말이 아님이라.

내가 하라는 것을 먼저 행하고, 그것을 그대로 행했기 때문에
내가 주겠다고 한 약속의 말씀을 내게 상기시키는 것은
내가 기뻐할 일이지만,

아무것도 한 것 없이 나에게 담대하게
"하나님이 말씀하셨으니까 나에게 지키셔야 합니다"
라고 하는 것은 오만한 태도이니
너의 태도를 다시 한번 살펴볼지니라.
사람은 심은 것을 거두게 되어 있음이라.

**스스로 속이지 말라 하나님은 업신여김을 받지 아니하시나니
사람이 무엇으로 심든지 그대로 거두리라** 갈 6:7

너는 복음의 통로가 될지라

너를 향한 나의 온전한 뜻은
항상 복음과 연결되고
복음과 관련이 있다는 것을
네가 알았으면 좋겠구나.

네가 처한 모든 상황이 때로는 이해할 수 없고,
여호와 하나님께 불평이 될 만한 일도 있겠지만
그러한 일들을 통해 그 누군가가 구원받을 수 있다면,

네가 이해하지 못하는 상황이라도
어떤 사람이 그 상황을 통해서
주 예수 그리스도께서 십자가에서 죽으신 것이
자기를 위한 것이었음을 깨닫는 통로가 된다면

그것은 곧 너를 향한 나의 온전한 뜻이니
그렇게 네가 이해했으면 좋겠구나.

네 삶에 하나님의 선하신 뜻이 이루어지는 것도,
기쁘신 뜻이 이루어지는 것도 중요하지만
그 무엇보다 가장 중요한 것은
너를 통해 한 사람이라도 더 구원받게 되는 것이니

네 삶의 이야기가
구원의 통로, 복음의 통로가 되기를 내가 원하노라.

그것이 곧 너를 향한 나의 온전한 뜻이라는 것을
네가 꼭 알았으면 좋겠구나.

내가 너희에게 이르노니 이와 같이 죄인 한 사람이 회개하면
하늘에서는 회개할 것 없는 의인 아흔아홉으로 말미암아
기뻐하는 것보다 더하리라 눅 15:7

너를 향한 온전한 뜻이 있느니라

나는 네가 부를 누리기를 원하며
네가 재물을 갖는 것도 원하노라.
여호와 하나님의 선한 뜻이 아니겠느냐?
어느 부모인들 자녀가 가난하고 배고프게 살기를 원하겠느냐?

나의 선한 뜻은 네가 그러한 것을 누리는 것이지만
나의 선한 뜻을 넘어 온전한 뜻이 있다는 것은 기억할지니라.

나의 온전한 뜻은 한 영혼 한 영혼이
여호와 하나님을 믿게 되고 경외하게 되는 것이라.
그 일의 통로로 사용 받는 것이
너의 복이라는 것을 알아야 할지니라.

너희는 이 세대를 본받지 말고
오직 마음을 새롭게 함으로 변화를 받아
하나님의 선하시고 기뻐하시고 온전하신 뜻이 무엇인지
분별하도록 하라 롬 12:2

거룩한 고민을 하는 네가 되기를 원하노라

오늘도 여호와 하나님이 너와 동행하시느니라.

모든 것에 시간이 있나니
말을 해야 할 때가 있으면
말을 하지 않아야 할 때가 있는데

오늘은 네게 어떤 때 하나님께 가장 영광을 올려드릴
기회가 되는지 생각해보겠니?

나를 생각하고 나의 영광을 생각해보고
너를 돌아보며
이 사람과 저 사람을 만나는 상황에서
'어떻게 하면 여호와 하나님의 이름을 높이 드러낼 수 있을까?'
거룩한 고민을 하는 네가 되기를 축복하노라.

그런즉 너희가 먹든지 마시든지 무엇을 하든지
다 하나님의 영광을 위하여 하라 고전 10:31

너의 억울함을 내게 토로할지니라

내 이름은 임마누엘!
지금 이 시간에도 나는 너와 함께하고 있단다.

네가 차를 운전하고 있든지
부엌에서 설거지를 하고 있든지
학교 가는 지하철 안에 있든지
네가 있는 곳이 그 어디라 할지라도

나는 여호와 하나님!
임마누엘 하나님이 너와 함께하시니

나에게 말을 걸도록 할지니라.
나에게 말을 걸도록 할지니라.

내가 네 옆에서 듣고 있으니
나에게 말할지니라.

너의 두려움
너의 걱정
너의 근심
너의 분노
너의 억울함을 나에게 토로할지니라.
나만이 너의 문제를 완전하게 해결해줄 수 있음이라.

나는 너를 사랑하는 여호와 하나님!
너를 키우시는 여호와 하나님!
너를 단련시키는 여호와 하나님인 것을 기억할지니라.

내가 내 원통함을 그의 앞에 토로하며
내 우환을 그의 앞에 진술하는도다 시 142:2

낙담하지 말고 기다릴지니라

오늘 네 마음은 무엇으로 가득하느냐.
하나님에 대한 생각으로 가득하다면,
그 생각은 불평인지 원망인지,
혹은 아쉬움이나 섭섭함이 아닌지 점검해보아라.

너는 하나님에 대한 생각을 무엇으로 가득 채우고 있느냐.
네가 가득 채우고 있는 생각이 찬송과 감사이면 좋겠구나.

기다려야 한다면
기다리는 그 자체를 원망하는 게 아니라
하나님 앞에서 기뻐함으로, 기대함으로
나를 기다렸으면 좋겠구나.

네가 나를 생각할 때
'하나님은 선하시다. 항상 선하시다'
그 마음이 변치 않는다면

지금 네 삶에서 어떤 계획이 틀어졌다고 해도
절대로 원망하면 안 되는 것이라.
낙담하면 안 되는 것이라.

네가 하나님을 믿는다고 하지 않았느냐?
하나님의 선하심을 믿는다고 고백하지 않았더냐?

그러니 오늘 이 시간도
네가 생각한 계획대로 되지 않았다고 해서
너를 향한 내 계획이 완전하지 않은 것이 절대 아니니
완전한 하나님을 기대할지니라.
완전한 하나님을 기다릴지니라.

기대할 때는 기도하는 것을 잊지 말고
기도할 때 감사하면서 기뻐하는 것을 잊지 말고
성경대로만 살아가면
삶이 그렇게 꼬이거나 복잡할 게 없다는 것을
너는 알고 있음이라.

네가 만일 환난 날에 낙담하면
네 힘이 미약함을 보임이니라 잠 24:10

하나님의 시간을 잠잠히 기다릴지니라

너희는 잠잠하라.
내 앞에서 잠잠하라.
그리고 기도할 때 기대감을 안고 나를 기다리라.

여호와 하나님의 시간을 기다릴지니라.
그가 만든 시간이 가장 완전하고
그가 만든 시간이 가장 너를 위함이라.
또한, 여호와의 영광을 위한 것이니라.

그러니 기도할 때 절대로
낙담한 말 하지 말라.
원망하는 말 하지 말라.
짜증 내는 말 하지 말라.
누구를 탓하는 말도 하지 말라.

하나님을 찬양하라.
하나님을 경외하라.

네가 감사할 때 나는
네가 마땅히 받을 그 기도 응답을
준비하고 있음이라.

다시 한번 네게 말하노니
네가 감사할 때 나는 너를 구원할 준비,
너를 그 상황에서 건져낼 구원을 준비하고 있다는 것이라.

사랑하는 나의 아들, 사랑하는 나의 딸
오늘도 나와 동행하는 것을 잊지 말지니라.

사람이 여호와의 구원을 바라고 잠잠히 기다림이 좋도다 애 3:26

내가 네 오른손을 들어줄 것이니라

오늘 네 마음에는 무엇이 꽉 차 있느냐?
내일에 대한 걱정이냐?
미래에 대한 불안한 마음이냐?
무엇으로 인한 두려움이 있느냐?

여호와 하나님이 이 땅을 다스리고 우주를 다스리시느니라.
천지와 만물을 다스리는 여호와 하나님이
너의 아버지라는 것을 오늘도 너는 기억할지니라.

네가 승리할 것이니라. 내가 너의 오른손을 들어줄 것이니라.

내가 항상 주와 함께하니 주께서 내 오른손을 붙드셨나이다
시 73:23

나를 바라볼지니라. 나를 바라볼지니라.
네가 승리하리라. 네가 꼭 승리하리라.
여호와 하나님께서 너를 도와주실 것이니라.

응답을 기다릴 때 나를 존중하라

나는 너의 기도를 듣고 있음이라.

내가 너의 귀를 지었고
내가 너의 눈을 지었고
내가 너의 입을 지었느니라.

나는 너의 창조주라.
네가 어떤 말을 할지 결정하기도 전에
무슨 말을 하고 싶은지,
무슨 말을 할 것인지
알고 있는 여호와 하나님이라.

그러니 기도하기를 망설이지 말라.
주저하거나 의심하지 말라.
나는 네 기도를 듣기 원하고
응답하기를 원하노라.

그러나 내가 응답하는 방법이
네가 생각하는 방법과 다르다는 것을 알아야 함이라.

너는 나를 존중해야 함이라.
너의 방식으로 기도하고 응답을 기대하기보다는
하나님을 존중할지니라.

너의 하나님, 너의 창조주 하나님을 존중할지니라.
나의 방법을 인정하고 나의 시간을 기다릴지니라.

나의 시간을 기다리면서 겸손과 순종을 배우고
온유와 인내를 배우게 되는 것이라.

나는 너보다 더 많은 생각을 갖고 있으니
실망하거나 좌절하거나 포기하지 말고
오늘 또 기도할지니라.
여호와 하나님이 네 기도에 응답하시겠음이라.

이는 내 생각이 너희의 생각과 다르며
내 길은 너희의 길과 다름이니라
여호와의 말씀이니라
이는 하늘이 땅보다 높음같이
내 길은 너희의 길보다 높으며
내 생각은 너희의 생각보다 높음이니라

사 55:8,9

선한 일을 하기 전에 내게 먼저 물어보렴

오늘 누가 네게 도움을 구하더냐?
그래서 너는 그를 도와주고 싶으냐?

잠깐 멈추어서 생각했으면 좋겠구나.
내가 네게 도움을 구하는 모든 사람을
다 도와주라고 하는 건 아니라는 것을
네가 알았으면 좋겠구나.

네가 아니라
다른 사람이 그를 도울 수 있도록
내가 준비한 사람이 있을 수 있으니

너는 선행을 할지라도 급히 하기보다는
여호와 하나님의 음성을 청종하고

하나님이 너를 통해 그를 돕길 원하시는지,
아니면
누군가 그를 돕고 내게 복을 받을 수 있도록
내가 준비한 사람이 따로 있는지
그것을 먼저 나에게 물어보면 좋겠구나.

나는 모든 사람이 선행하는 것을 기뻐하지만,
선행을 급히 하기보다는
올바르게 하기를 원한다는 것을
네가 꼭 알았으면 좋겠구나.

그 후에 다윗이 여호와께 여쭈어 아뢰되 … 삼하 2:1

너를 향한 아름다운 계획이 있단다

오늘 네 마음에는 무슨 생각이 가장 많이 있느냐?
너의 그 많은 생각은 네가 할 수 있는 선택이지만
그 많은 생각 가운데 너를 향한
나의 가장 완전한 계획들만 그대로 이루어질 것이니라.

그러니 너무 불안해하지 말고
너무 혼란스러워하거나 두려워하지 말고,
여호와 하나님의 계획이 너를 향해
가장 아름답고 완전한 계획이라는 믿음을 가질지니라.

내일 일을 모른다 해도,
너를 향해 완전한 계획을 가지고 인도하시는
하나님을 믿어야 할지니라.

하나님이여 주의 생각이 내게 어찌 그리 보배로우신지요
그 수가 어찌 그리 많은지요 시 139:17

가족의 구원을 위해 기도하라

나는 이 땅의 모든 사람이 구원받기를 원한단다.
그것이 여호와 하나님, 나의 뜻이란다.
사랑하는 너의 가족을 내가 구원하기 원하노라.

이르되 주 예수를 믿으라 그리하면
너와 네 집이 구원을 받으리라 하고 행 16:31

이 말씀이 너의 가정에 이루어질 것이니라.

딸아, 아들아! 기도하라.
너의 가족을 위해서 기도하라.
그들의 구원을 위해서 기도하라.
그 기도가 땅에 떨어지지 아니할 것이니라.
열매를 맺을 것이니라.

다시 한번 너에게 말하노니, 주 예수를 믿으라.
그리하면 너와 네 가족이 구원을 얻으리라.

네 주위를 돌아볼지니라

나는 너를 사랑하는 너의 여호와 하나님이라.

내가 너를 사랑하는 것처럼
내가 창조한 나의 피조물들도 내가 똑같이 사랑함이라.

네가 나를 사랑한다는 고백은
곧 내가 만든 모든 피조물도 네가 사랑한다는 것이다.
그렇지 아니하냐?

주위를 돌아볼지니라.
너무나 많은 사람이 너의 사랑을 필요로 하고 있단다.

네가 사랑을 원하듯 그들도 사랑을 원하고 있으니,
그들을 위해서 사랑을 베풀 때
네가 사랑받는다는 것을 깨달을 것이니라.

'왜 사람들은 나를 사랑하지 않지?'보다는
'나는 오늘 누구를 사랑할 수 있을까?'로
질문을 바꿔보는 것은 어떻겠니?

내가 너를 사랑한다.
너는 나의 것이다.

새 계명을 너희에게 주노니 서로 사랑하라
내가 너희를 사랑한 것같이 너희도 서로 사랑하라 요 13:34

나의 일에도 관심을 가지면 좋겠구나

오늘 내가
네게 어떤 말을 하고 있다고 생각하느냐?

내가 날이면 날마다
네게 위로의 말만 해주기를 원하느냐?

걱정하지 말라고
내가 너의 능력이 되어주겠다고
필요한 것을 모두 채워주겠다고

그러한 음성만 듣고 싶으냐?
그렇게 말하는 하나님이기를 원하느냐?

내가 가장 사랑하는 내 백성이
지금도 죽어가고 나를 떠나고 있는데
너는 그들을 붙잡고 싶은 마음이 없느냐?

그들을 붙잡게 해달라고
네 마음을 움직여달라고
그렇게 기도하고 싶은 마음이 없느냐?

네가 정말로 내가 듣기 원하는 기도를 올린다면
내가 왜 네 마음의 소원을 들어주지 아니하겠느냐?

그러나 너는
나의 일에는 관심이 없고
너의 일에만 관심이 있다는 생각을 해본 적은 없느냐?

나의 일에도 관심이 있다면 참으로 좋겠구나.

그런즉 너희는 먼저 그의 나라와 그의 의를 구하라
그리하면 이 모든 것을 너희에게 더하시리라 마 6:33

나는 너의 모든 것에 관심이 있단다

네 감정이 어떠한지
내게 항상 말하는 것을 내가 기뻐한단다.

네가 슬퍼도 네가 기뻐도
네가 억울해도 네가 서러워도
네 모든 감정을 내게 토로하는 것,
나는 너무 기쁘게 잘 듣고 있단다.

내게 좋은 일만 말하려고 노력하지 않도록 하렴.
나는 너의 모든 것에 관심이 있는
여호와 하나님 너의 창조주라.

네가 어떤 감정과 상황인지 몰라서
내게 나와서 말하라고 하는 게 아님을 너는 알고 있겠지.

너와 나는 교제가 필요한 것이란다.
성령 안에서 너와 나의 교제.

나와 친밀한 관계가 되려면
어떤 사람이 돼야 하겠니?
내게 모든 것을 말할 수 있어야 하지 않겠니?

좋은 것, 싫은 것, 슬픈 것
그 어느 것이라도 네가 그 말을 다 해주면
나는 이미 알고 있어도 네 말을 들으면서

네게 딱 맞는 위로를 줄 수 있고
격려를 해줄 수 있고
새 힘을 줄 수 있고
네가 새로운 감사를 나에게 올릴 수 있도록
도와줄 수 있는 여호와 하나님,
너의 하나님 아버지라.

슬퍼하지 말렴.
너무 억울해하지도 말고
너무 화내지도 말고
너무 서글퍼하지도 말고.

내가 너와 함께 있지 않니?
임마누엘 하나님이 너를 사랑하시고
너를 위해서 독생자 예수 그리스도를
십자가에 못 박혀 죽게 하기까지
너를 향한 사랑을 증명하였으니 슬퍼하지 말아라.

눈물을 그치고 감사로 제사를 지내면서
나에게 더 가까이 나아오는 너의 하루가 될지니라.
내가 너를 이미 축복하였음이라.

의인이 부르짖으매 여호와께서 들으시고
그들의 모든 환난에서 건지셨도다
여호와는 마음이 상한 자를 가까이하시고
충심으로 통회하는 자를 구원하시는도다 시 34:17,18

나의 시간을 존중하고 인정할지니라

나는 너의 과거, 현재, 미래를 아는 전지전능한 하나님이라.
내 앞에 그 어느 것도 감추어질 것이 없음이라.
나는 너를 알고 너를 향한 계획을 갖고 있으며
그 계획대로 움직이고 있음이라.

너는 나를 알아야 함이라.
너를 아는 것도, 계획을 잘 세우는 것도 중요하겠지만
내가 어떠한 하나님인지 나를 알아야 할 것이라.
나는 너의 과거와 현재와 미래를 모두 알고 있는 하나님이며,
그렇게 알고 있는 너를 내가 인도하고 있음이라.

나의 시간을 인정하고 존중할지니라.
너의 계획보다 너의 명철보다 나를 인정할지니라.

그러므로 우리가 여호와를 알자 힘써 여호와를 알자
그의 나타나심은 새벽빛같이 어김없나니 비와 같이,
땅을 적시는 늦은 비와 같이 우리에게 임하시리라 하니라 호 6:3

내가 너에게 일러주리라

매일같이 너는
선택하고 결정하며 살아가야 하지.
그러니 매일같이 너는 내가 필요하단다.
모든 선택과 결정에 내가 간섭해야 하니
너는 매일같이 내가 필요한 거란다.

매일같이 내가 필요하니
나에게 감사해야 하지 않겠니?
매일같이 네게 내가 필요한데
내가 네 옆에 없으면
내게 물어볼 수도 없고
도움을 구할 수도 없잖니.

항상 네 옆에 있는 나의 이름은 임마누엘이라.
임마누엘, 여호와 하나님이 너와 함께하신다.
여호와의 이름, 임마누엘!

사랑하는 나의 딸
사랑하는 나의 아들

걱정하지 말고 오늘도 나에게 물으렴.
너의 지혜와 지식을 의지하지 말고
너의 경험을 의지하지 말고
오늘도 나에게 물어보렴.

내가 너에게 일러주리라.
여호와 하나님이 네게 일러주신다는 믿음이
너에게 필요한 것이라.

내가 말하겠사오니 주는 들으시고
내가 주께 묻겠사오니 주여 내게 알게 하옵소서 욥 42:4

너는 내 인정으로 만족할지니라

내가 하라고 한 일을 하고 난 후에
너는 왜 사람들의 반응을 의식하느냐?

그들이 어떻게 말해주고 너를 어떻게 생각하는지
그것이 왜 그렇게도 네게 궁금한 일이 되었느냐?

너는 사람의 종이 아니라
여호와의 종임을 기억할지니라!

너는 나의 종이니 내가 하라는 것을 하면 되고,
내가 하라는 것을 한 다음에는
나의 반응을 기대해야 하는 것 아니냐?

네가 무엇을 하고 난 후에
나는 그 성과가 아니라
내가 하라는 일을 네가 했는가, 안 했는가를
본다는 것을 너는 알고 있지 않으냐?

너는 내 말을 듣고 순종했느냐?
순종했다면
절대로 사람들의 반응에 마음을 **빼앗기지** 말라!

내가 보았으면 된 것이라.
내가 들었으면 된 것이라.
내가 인정했으면 된 것이라.

너는 나 하나만의 인정으로 만족할 수 있느냐?
그것을 내가 훈련하고 있음을 알아야 할 것이니라!

사람들의 말에 순종하고
사람들의 말을 의식하는 것을 벗어나
여호와 하나님 한 분의 음성을 가려들을 줄 알고
충성하는 자가 되도록
내가 너를 훈련하고 있음을 기억할지니라!

내 눈이 이 땅의 충성된 자를 살펴 나와 함께 살게 하리니
완전한 길에 행하는 자가 나를 따르리로다 시 101:6

내게 받을 칭찬을 사모할지니라

칭찬받기를 너무 사모하지 말라!
칭찬에 굶주리는 초라한 모습을 갖지 말라!

칭찬받기를 사랑하는 자는
아무리 칭찬받아도 그 칭찬으로 만족하지 못하고

위로받기를 사랑하는 자는
아무리 위로를 많이 받아도 받는 위로로 만족하지 못하고

인정받기를 사랑하는 자는
아무리 인정을 받아도 그 받는 인정으로 만족하지 못하고

외모가 출중하다는 말 듣기를 사랑하는 자는
아무리 그러한 말을 들어도 그 들음에 만족하지 못하니

이러한 리스트는 계속 이어질 수 있지 않겠니?

네가 내게 받을 칭찬만 사모했으면 좋겠구나!
나는 너 칭찬하기를 기뻐한단다!

너 칭찬하기를 기뻐하는 내게로 나올지니라!
그러할 너를 기다리고 있단다!

은을 사랑하는 자는 은으로 만족하지 못하고
풍요를 사랑하는 자는 소득으로 만족하지 아니하나니
이것도 헛되도다 전 5:10

무엇보다 나를 사모할지니라

네가 기다리고 기다리는 것이 무엇이냐?
너는 무엇을 기다리고 있느냐?

주 예수 그리스도의 재림이냐?
아니면 네가 내일 무엇을 하며 먹고 살지
무엇을 저축하고 더 만들고 더 가질지에 관심이 있느냐?
너는 무엇을 기다리고 있느냐?

나를 네게 행복을 주는 하나님으로 생각한다면
내가 네게 무엇을 주면 행복하겠느냐?

진정 내 마음에 무엇이 있는지,
그것에 관심이 있느냐?

많은 사람이
자기 자신에게 관심이 있고
자기 자녀에게 관심이 있지만

정작 여호와 하나님의 관심은 무엇인지를
과연 몇 사람이 귀를 기울여 들으려 하고
또한 그것을 기도하는지.

사랑하는 나의 아들
사랑하는 나의 딸

네가 무엇보다도 나를 사모했으면 좋겠구나.
나를 사모하고
나의 나라가 이 땅에 임하기를 사모하고
나의 뜻이 이 땅에 임하기를 사모하고
네게 하나님 중심의 생각이 가득했으면 정말로 좋겠구나.

나를 어제보다 조금 더 생각하는
오늘이 되기를 축복하노라.

하늘에서는 주 외에 누가 내게 있으리요
땅에서는 주밖에 내가 사모할 이 없나이다 시 73:25

네 결정을 내게 맡길지니라

여호와 하나님이 네 마음을 알고 있음이라.
네가 무슨 생각을 하는지 나는 알고 있음이라.
내가 알 수 있는 것은
내가 너를 창조하였기 때문이라.

너는 내 것이라.
내가 지명하여 불렀나니 너는 내 것이라.
내 손바닥에 너의 이름을 새겼다고
내가 너에게 누누이 말해주었음이라.

내가 너를 내 손바닥에 새겼고
너의 성벽이 항상 내 앞에 있나니 사 49:16

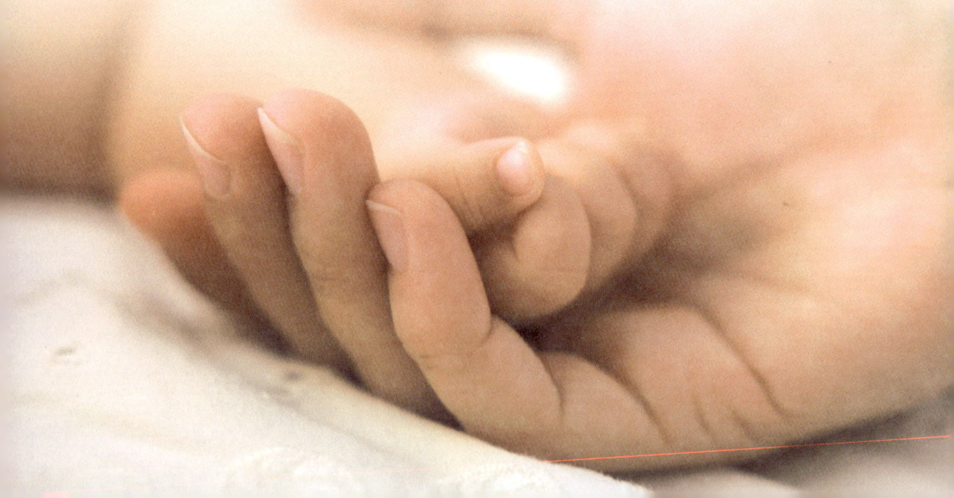

네 마음과 생각을 아는 내게
너의 결정을 맡기도록 할지니라.

여호와 하나님께 맡겨드리는 결정은
'하나님, 제가 어떠한 결정을 하든
이 결정이 무엇보다도
하나님께 영광이 되고
이웃에게 덕이 되기를 원합니다'
이런 마음가짐에서 우러나와야 하는 것이라.

네 마음속에 많은 생각이 있겠지만
먼저는 하나님을 생각하고
하나님의 영광을 생각하고
다음으로 이웃의 덕을 생각한다면

그 많은 생각을 잘 정리하여
잘 결정할 수 있는 지혜가 생길 것이니라.

순종함으로 나의 기쁨이 되어주렴

들을지니라.
들을지니라.
여호와의 말씀을 들을지니라.

너는 오늘 나의 말을 듣고 있느냐?
오늘 나의 말을 듣고 있다면 너는 순종하느냐?
순종하는 자녀가 되어주면 참으로 좋겠구나.

나는 너의 울음도 듣고
부르짖고 간구하는 기도도 모두 듣고 있지만
무엇보다 내가 사랑하고 기뻐하는 나의 종은
나의 말을 듣고 순종하는 자가 아니겠니?

순종하지 않는다 하더라도
나는 너를 사랑하는 여호와 하나님이라.
하나님은 사랑이라.
사랑하지 않고는 견딜 수 없는 여호와 하나님은 사랑이라.

그러나 내가 기뻐하는 자는
내 마음을 항상 어렵게 하고
슬프게 하는 자가 아님을
너는 알아야 할 것이니라.

나는 모든 사람을 사랑하지만

방황해도 사랑하고
중독에 빠져 있어도 사랑하고
죄 중에 헤매도 나는 사랑하지만

나를 기쁘게 하는 자는
나의 말에 순종하는 자가 아니겠느냐.

오늘 너의 하루
나를 기쁘게 했으면 참으로 좋겠구나.
순종하는 네가 되었으면 참으로 좋겠구나.

너희는 너희의 하나님 여호와를 따르며
그를 경외하며 그의 명령을 지키며
그의 목소리를 청종하며 그를 섬기며 그를 의지하며 신 13:4

성숙의 과정을 견뎌낼지니라

나는 오늘도 너를 아름답게 빚어가고 있단다.
내가 너를 사랑하니
빚어가는 과정이 너에게 필요하다는 것이다.

내가 너를 있는 그대로 사랑하지만
거기서 멈추지 않고
네가 정말로 내가 너를 창조한 그 처음 목적 그대로
잘 자라주었으면 하는 마음이 왜 나에게 없겠니?

그래서 오늘도 내가 창조한 너의 모습을
더욱더 아름답게, 더욱더 내가 보기에 기쁘게
그렇게 빚어가고 있단다.

이것을 '성숙의 과정'이라고 한단다.
이 과정을 너는 꼭 견뎌낼 수 있어야 하리라.

이 과정에서 네가 꼭 가져야 할 마음의 태도는
감사가 아니겠니?

너를 가장 사랑하시는 이의 손에 맡겼다는
확신과 감사가 네게 있기를 원하노라.
네가 맡긴 여호와 하나님의 손이 가장 완전한 손이라.

우리가 그를 전파하여 각 사람을 권하고
모든 지혜로 각 사람을 가르침은
각 사람을 그리스도 안에서 완전한 자로 세우려 함이니 골 1:28

네 기도를 듣고 계심이라

내가 너의 기도를 듣고 있다고
꼭 남들이 네게 전해주어야 그 말을 믿겠느냐?
너는 성경 말씀을 읽으면서 저절로 믿어지지 아니하느냐?

왜 너는 다른 사람이 네게
"하나님이 당신의 기도를 듣고 있습니다"라고 말을 해줘야
내가 너의 기도를 듣고 있다는 믿음이
네 마음속에 견고해지는 것인지.

왜 사람을 의지해서 하나님의 음성을 들으려고 하느냐?
하나님은 너에게도 직접 말씀하실 수 있는 분임을
너는 알아야 할 것이니라.

너의 기도가 땅에 떨어지지 아니함이라.
하나님이 듣고 계심이라.
다만 하나님의 때가 다른 것뿐이라.

사랑하는 나의 아들
사랑하는 나의 딸

이제는 굳이 다른 사람이 말해주지 않아도
성경 말씀을 읽으면서 그것을 곧이곧대로 믿는
네가 되었으면 참으로 좋겠구나.
그것이 바로 믿음의 진보가 아니겠느냐?

내 양은 내 음성을 들으며 나는 그들을 알며
그들은 나를 따르느니라 요 10:27

약속의 말씀을 견고히 붙들지니라

사랑하는 나의 백성들아, 기대하라.
사랑하는 나의 백성들아, 기대하라.
너와 내가 공중에서 만날 그날을 기대할지니라.

그것을 사모하는 마음이 클수록
네게 있는 고통이 작게 여겨질 수 있다는 것을
너는 알고 있느냐?

너와 내가 공중에서 만날
그날을 사모하는 마음이 클수록
네가 겪는 고통이 더 작게 여겨질 수 있다는 것이다.

하나님의 날이 임하기를 바라보고 간절히 사모하라
그날에 하늘이 불에 타서 풀어지고
물질이 뜨거운 불에 녹아지려니와 벧후 3:12

걱정하지 말라. 평안하라.
내가 해준 모든 약속의 말씀을 다시 기억할지니라.
네게 주어진 약속의 말씀들을 다시 기억할 때가
바로 네게 능력의 시간이라.

능력은 세상의 많은 것을 보고 비교하면서
네게 없는 것을 가지려고 노력하는 것이 아니라
내가 이미 네게 준 약속의 말씀들을 다시 상기하고
사모하고 더 견고히 붙드는 시간이
바로 너에게 능력의 시간이라는 것이라.

너는 능력의 사람이라.
네가 부활을 믿기 때문이라.
고난이 끝나면 부활은 꼭 오게 되어 있음이라.

모든 것에는 시작과 마지막이 있다는 것을
내가 누누이 말했으니 오늘도 기억할지니라.

고난이 있었음에 부활이 있으리라는 것이
부활은 승리를 말함을 너는 알고 있음이라.

내가 너를 올바른 길로 인도하여주리라

너의 기도가 땅에 떨어지지 않는단다.
너의 기도를 내가 지금 듣고 있고
네 마음을 누구보다 내가 잘 알고 있단다.

네 마음의 중심을 내가 알고 있으니

네가 무슨 일을 하더라도
"하나님! 제가 어떻게 하면
주님의 이름에 영광을 올려드리겠습니까?"
그렇게 기도했으니

네가 내리는 결정
네가 가고자 하는 곳
하나님의 인도하심을 구하는
그 모든 발걸음 하나하나에
내가 함께해줄 것이니라.

네가 그렇게 기도했고
진심으로 여호와 하나님의 영광을 위해서
살고자 하는 마음이 네게 있는데
내가 왜 네 마음을 혼동스럽게 하겠느냐?
너를 올바른 길로 인도하여주리라.

여호와께서
사람의 걸음을 정하시고
그의 길을 기뻐하시나니
시 37:23

아무것도 염려하지 말라

에벤에셀의 하나님이시라.
지금까지 이제까지 오늘까지 함께하신
너의 여호와 하나님 아버지
에벤에셀 여호와 하나님 아버지

한결같은 하나님이
내일 너를 모른다고 하시겠느냐?
모레 너를 모른다고 하시겠느냐?

"아무것도 염려하지 말고"
내가 너에게 기도하라고 한 그 명령을
다시 한번 기억할지니라.

내가 분명히 말했음이라.
"아무것도 염려하지 말고"
네가 염려할 것이 없다는 것이 아니니라.

염려할 것이 있다 할지라도 염려하지 말고
오직 모든 일에 기도와 간구로
감사함으로 나에게 부르짖으라는 것이라.

그래서 너와 내가 작년보다 어제보다
오늘 더 가까워지고 더 친밀해지고
너는 나의 음성을
어제보다 더 선명하게 잘 듣게 될 것이라.

사랑하는 나의 아들
사랑하는 나의 딸
내가 너를 축복하노라.

아무것도 염려하지 말고 다만 모든 일에 기도와 간구로,
너희 구할 것을 감사함으로 하나님께 아뢰라 빌 4:6

계획이 변경될 때 당황하지 말라

삶 가운데서 어떤 계획이 변경될 때마다
왜 너는 당황하느냐?
왜 네가 하나님의 음성을 잘못 들어서
이러한 일이 생겼다고 생각하느냐?

나의 계획에 잘못이 있는 것이 아니라
내가 계획을 바꿀 때마다
네가 민감하게 내 음성을 듣고 있다고 생각해본 적은 없느냐?

너는 나의 음성을 듣고 있기 때문이라.
계획이 변경된다고 해서
그것이 하나님의 뜻이 아니라고 누가 말했더냐?

네가 그리스도인으로 장성한 분량까지 잘 성숙하기 위해
'계획'이 도구가 돼야 한다면
내가 '변경되는 계획'으로 너를 인도하고 있으니 걱정하지 말라.

계획이 자주 바뀐다고 누가 네게 뭐라 할지라도
네 삶의 주인은 그들이 아니라 나인 것을 꼭 명심할지니라.

나는 완전한 하나님이라.
완전한 계획으로 너를 인도하고 있으니,
계획의 변경이 네 생각보다 자주 있다 할지라도
절대로 놀라거나 당황하지 말지니라.
내니 안심하라!

사람이 마음으로 자기의 길을 계획할지라도
그의 걸음을 인도하시는 이는 여호와시니라 잠 16:9

내게 명령하지 말고 사랑을 배워갈지니라

오늘 너는 마음에 무엇이 불만이냐?
내가 네게 많은 것을 해주었다고 인정하면서도
'하나님이 왜 이것은 허락하지 않으시지?'라고
너 스스로 생각하는 부분이 있느냐?

그래서 나에게 섭섭하냐?
그래서 남들이 더 부러우냐?
그러한 네가 옳다고 생각하느냐?

나는 너에게 모든 것을 주었다.
너에게 생명처럼 중요한 것이 없는데
나는 너에게 생명뿐 아니라
영원한 생명까지 준 여호와 하나님이라.

그러한 여호와 하나님 앞에
무엇이 그렇게도 불평이고 불만이 될 수 있겠느냐?

네가 하나님이냐?
네가 여호와 위의 하나님이냐?
나는 네가 하라는 대로 다 해야 하겠느냐?

"나는 기도한다"라는 너의 그 선포로
네가 하는 모든 것을 내가 다 들어주어야만 하느냐?
그래야 내가 너에게 좋은 하나님이 될 수 있는 것이냐?

네 자리를 똑바로 지키도록 할지니라.
너는 피조물이요 나는 창조주 여호와 하나님이라.
너는 나를 섬겨야 함이라.

너는 나를 위하여 태어났음이라.
여호와 하나님의 영광을 위해서 태어났음이라.
내가 너의 영광을 위해 존재하는 하나님이 아니라,
네가 나의 영광을 위해 존재하는 피조물이라.

그러나 나는 너를 너무나 사랑하는 하나님이니
그 사랑을 깨달아 알아가라는 것이다.

네 평생의 여정에 무엇이 가장 중요하겠느냐?
내가 얼마만큼 너를 사랑하는 창조주 여호와 하나님인지
깨달아가고 배워가고 다른 사람들에게 전해주는 일이
네 인생 여정에 꼭 있어야 하지 않겠느냐?

그 일들을 지켜 행할지니라.
나의 사랑을 배울지니라.
내게 명령하지 말고 나의 사랑을 배워갈지니라.

능히 모든 성도와 함께
지식에 넘치는 그리스도의 사랑을 알고
그 너비와 길이와 높이와 깊이가 어떠함을 깨달아
하나님의 모든 충만하신 것으로
너희에게 충만하게 하시기를 구하노라 엡 3:18,19

내 목소리 듣기를 사모할지니라

너는 오늘 여호와의 말씀을 듣고 있느냐?
너는 나의 목소리에 익숙해져 있느냐?
네가 내 목소리를 잘 모른다면
내가 어떤 말을 하고 있는지 전혀 이해하지 못할 것이라.

나는 매일같이 네게 말하고 말을 건네는
여호와 하나님이라는 것을 너는 알고 있느냐?

내 목소리 듣기를 사모할지니라.
내 목소리 청종하기를 사모할지니라.
세상에 사모할 것이 많이 있겠지만
그 무엇보다도 내 목소리 듣는 것을 사모할지니라.

나는 너에게 매일같이 말하고 있는 여호와 하나님이라.

네 하나님 여호와를 사랑하고 그의 말씀을 청종하며 또 그를 의지하라
그는 네 생명이시요 네 장수이시니 … 신 30:20

나와 동행하는 네가 되면 좋겠구나

오늘 너는 무엇을 깨닫고 있느냐?
너는 오늘까지 무엇에 최선을 다하였느냐?

최선을 다했기에 마음에 기쁨이 있느냐?
최선을 다했기에 마음에 만족함이 있느냐?

어떤 일을 얼마큼 많이 했든지
내가 허락하지 아니하면
네가 세운 것은 모두 헛된 것이 됨을 알고 있느냐?

그러니 네가 이룬 그 어떤 것보다
내가 네게 누구인가를 인정하는 것이 더 중요함이라.

네가 많이 성취하고 성과를 얻는 것보다
나를 '네 삶의 주인'으로 인정하고 나와 교제하는 것을
나는 너무나도 중요하게 여긴단다.

오늘도 나와 동행하는 네가 되었으면 좋겠구나.

네 삶의 기쁜 일, 슬픈 일이
항상 네 마음을 좌지우지하는 것이 아니라

네가 나와 '동행'하고 있음이
네게 신실한 믿음이 되고 큰 버팀목이 된다면
정말로 내가 기쁘겠구나.

여호와께서 집을 세우지 아니하시면
세우는 자의 수고가 헛되며
여호와께서 성을 지키지 아니하시면
파수꾼의 깨어 있음이 헛되도다 시 127:1

네 마음이 한결같기를 원하노라

'처음과 마지막이 참으로 중요하구나'라는 지혜가
너에게 있기를 내가 원하노라.

여호와 하나님은 어제나 오늘이나 내일이나
한결같이 동일한 하나님이시라.
그 한결같음이 너에게도 있기를 원하노라.

너는 나의 자녀이니 나의 DNA를 갖는 것은
너무나 당연한 일 아니겠느냐?

'한결같음'

왜 너는
어제는 나를 좋아하다가 오늘은 나에게 화를 내고
어제는 나에게 감사하다가 오늘은 원망하고
그렇게 한결같지 않은 태도로 나에게 나오려고 하느냐?

그리하지 말라.
어제도 감사하고 오늘도 감사하고
내일도 감사하겠다고 말하고
그렇게 한결같이 나에게 나온다면
내가 얼마나 더 너를 기뻐하겠느냐?

네가 죄를 범한다 할지라도
너를 사랑하는 내 마음은 변함이 없겠지만,
내가 너를 위하여 쌓아두고 계획해둔
모든 아름다운 계획과 축복은
네게서 멀어진다는 것을 네가 알았으면 좋겠구나.

나는 너를 축복하기 원하는 하나님이라.
축복하기를 기뻐하는 여호와 하나님이라.

그러니 나를 만난 첫사랑을 기억하면서
나를 사랑하는 그 마음이 끝까지 한결같으면 정말 좋겠구나.

예수 그리스도는 어제나 오늘이나 영원토록 동일하시니라

히 13:8

내 옆에 있어줘서 고맙구나

네가 누군가를 도와준 다음에
그 사람이 너에게 감사하기는커녕
네가 섭섭하다고 원망하는 말을 들어서
선한 일을 그만두고 싶다는 생각이 드느냐?

모든 것은 보기 나름이고
생각하기 나름이지 않겠느냐.

그들은 네가 섭섭한 게 아니야.
내가 섭섭한 거지.
네가 나 대신 돌 맞아준 것을
내가 감사한단다.

그들은 아픈 사람들이야.
너는 의사라고 생각해야 한다.
병자가 와서 아프다고 통증을 말하는데
네가 "당신은 왜 아프세요?" 이렇게 말하면 안 되겠지?

너를 응급실 의사라고 생각해보렴.
응급 환자는 자신을 돌아볼 수도, 남을 배려할 수도 없어.
자기가 아프니 자기부터 봐달라고 무조건 소리치는 거지.
너는 영적 응급의라고 생각하면 돼.

숱하게 많은 사람이 나를 원망하는데
나는 그들에게 내 아들, 독생자를 주었어.
모든 것을 다 주어도 그들은 나를 원망해.

너는 그들을 위해 무엇을 주었니?
생명을 주었니? 전 재산을 주었니? 아니잖니?

내가 내 마음을 너에게 공유한 거야.
너는 나와 가까워지기를 원하지 않았니?
나와 가까운 자리는 바로 '십자가' 그 옆자리가 아닐까?
내 옆에 있어줘서 고맙구나!
내가 너로 인하여 외롭지 않아서 고맙구나.

자녀이면 또한 상속자 곧 하나님의 상속자요
그리스도와 함께한 상속자니 우리가 그와 함께 영광을 받기 위하여
고난도 함께 받아야 할 것이니라 롬 8:17

준비하는 마음으로 깨어 있을지니라

나의 오래 참음이 영원히 참음은 아니니라.
사람에게 한 번 죽는 것은 정하신 일이요
그 후에는 모든 사람에게 심판이 있으리라.

한번 죽는 것은 사람에게 정해진 것이요
그 후에는 심판이 있으리니 히 9:27

너희가 나를 경외하며 살아가는 매일매일이
나를 참으로 기쁘게 하는데
나를 경외하는 너희 마음속에
함께 있어야 하는 지혜가 무엇인가 하면
세상에는 끝날이 있다는 것이라.
모든 것에 처음이 있으면
마지막은 꼭 있게 되어 있음이라.

나는 알파와 오메가라.
이 땅의 처음이요 또한 마지막이라.

사랑하는 나의 자녀들아,
정신 차려서 똑바로 살도록 할지니라.

자기연민에 젖어 있지 말고
남들과 비교하느라 귀한 시간을 빼앗기지 말고
주 예수 그리스도께서 강림하는 날을 맞이하고자
준비하는 마음으로 깨어 있으면서 모든 일에 정결하라.

우리 주 예수 그리스도께서 나타나실 때까지
흠도 없고 책망 받을 것도 없이 이 명령을 지키라 딤전 6:14

힘쓰라.
힘쓰지 않고 안이하게
'모든 것이 그저 그렇게 당연히 잘되겠지' 하는 것은
내가 기뻐하는 생각이 전혀 아님을 알아야 할지니라.

세월이 악하고
사람들이 자기 이익만을 위해 정신없이 살아갈 때
너는 깨어서 기도하고 정결하고
주 예수 그리스도의 강림을 맞이하려는 그 마음을
더욱 강건하게 할지니라.

너는 나의 재림에 준비되어 있느냐?

내가 다시 온다는 것을 너는 정말로 믿느냐?
아니면 그냥 읽고 "아멘"이라고 말만 하느냐?

네 속에 나의 재림을 사모하는 마음이 있느냐?
내가 금방 왔으면 좋겠느냐?
내가 금방 왔으면 좋겠다고 기도는 하느냐?

나는 너에게 누구냐?
너를 구원한 예수 그리스도, 구원자
그 하나만이냐?

아니면 재림의 예수,
심판자 예수 그리스도,
'나를 데리러 오실 예수 그리스도'냐?
너는 나를 누구라고 생각하느냐?

사랑하는 나의 아들
사랑하는 나의 딸

나는 꼭 올 것이니라.
성경에 기록한 그대로 이 땅에 다시 올 것이니라.

그러한 예수 그리스도를
너는 진실로 사모하는지
맞이할 준비가 되어 있는지
너의 신앙을 다시 한번 돌아보는 것이 어떻겠니?

준비되어 있느냐?
아무 때라도
내가 도적같이 온다 할지라도 너는 준비되어 있느냐?

그러므로 깨어 있으라
어느 날에 너희 주가 임할는지
너희가 알지 못함이니라 마 24:42

2부

정결

정결한 신부가 될지라

너는 준비되어 있느냐?
만약 내가 내일 아침 너희에게 나타난다면
너는 나와 함께 공중으로 들림 받을 준비가 되어 있느냐?

두 사람이 함께 맷돌을 갈다가
한 사람은 올라가고 한 사람은 남겠다고 했으니
너는 무엇을 하고 있다가 나를 만나게 될 것 같으냐?

두 여자가 맷돌질을 하고 있으매 한 사람은 데려가고
한 사람은 버려둠을 당할 것이니라 마 24:41

나를 만날 준비가 언제라도 되어 있으면 참 좋겠구나.

나를 만날 준비는 다른 것이 아니라
정결함에 있단다.
신랑을 맞이할 신부에게 가장 필요한 것은
정결이 아니겠느냐?

점도 없고 흠도 없이 책망받을 것 없이
주 예수 그리스도의 평강 안에서 나타나기를
힘쓰라는 말씀을 잘 상고할지니라.

이 말씀을 잘 상고할 때가
끝까지 있는 게 아님을 알아야 할 것이니라.

그러므로 사랑하는 자들아 너희가 이것을 바라보나니
주 앞에서 점도 없고 흠도 없이
평강 가운데서 나타나기를 힘쓰라 벧후 3:14

신부가 가장 귀히 여겨야 할 것

정결할지니라.
정결할지니라.

신부가 가장 귀하고 중요하게
여길 것이 무엇이겠느냐?
정결함이 아니겠느냐?
정절이 아니겠느냐?

내가 너희를 나의 신부라고 불렀음이라.
신부가 가장 중요시해야 할 것을
네가 중요하게 여긴다면 참으로 좋겠구나.

마음을 정하게 할지니라.
마음을 정하게 할지니라.

더러운 생각과 걱정, 근심,
미워하는 마음, 시기, 질투
다 마음을 정결하게 하지 않는다는 것을
너는 알고 있음이라.

나를 생각하라.
길이요 진리요 생명 되신 나를 생각하라.

주 예수 그리스도
주 예수 그리스도

예수께 너의 시선을 집중하면
네 마음이 저절로 정결하게 될 것이니라.

**마음의 정결을 사모하는 자의 입술에는 덕이 있으므로
임금이 그의 친구가 되느니라** 잠 22:11

분별하여 정결을 이루라

영적 전쟁에서 무기는 중요한 것이니라.
너는 어떠한 무기를 가지고 있느냐?
너는 어떠한 무기를 가지고 있어야 하겠느냐?

영적 전쟁에서 마음의 정결이
너에게 아주 강력한 무기가 된다는 것을
네가 알았으면 좋겠구나.

예수 그리스도께서 재림하실 날을 준비하는 모든 자에게는
"점도 없고 흠도 없이 주 예수 그리스도의 평강 가운데서
나타나기를 힘쓰라"라는 말씀이 있음이라.

그러므로 사랑하는 자들아 너희가 이것을 바라보나니
주 앞에서 점도 없고 흠도 없이
평강 가운데서 나타나기를 힘쓰라 벧후 3:14

점이나 흠이라는 것은
다른 사람들의 눈에 쉽게 보이지 않는
죄악을 말하는 것이 아니겠느냐.

너는 그러한 것들을 없앨 수 있으리라.
그것이 바로 마음의 정결을 사모하는 자가
갖게 되는 무기니라.

너의 삶 가운데
사람들은 모르지만 네가 알고 있는 흠이 무엇인지,
조그맣게 금이 가 있는 것이 무엇인지
잘 분별하고
분별한 그것을 그대로 하나님 앞에 내어놓고
마음속에 정결을 이루는 네가 될지니라.

그 정결은 너로 하여금
영적 전쟁에서 항상 승리하도록 도와줄 것이니라.

경건하고 거룩하고 정결하라

나는 알파와 오메가가 됨이라.
즉, 나는 시작이요 마지막이라는 것이다.

모든 것에 시작이 있으면 마지막은 있게 되어 있음이라.
세상에 창조가 있었으니 세상에 멸망도 오게 되리라.

새 땅과 새 하늘은
여호와 하나님의 손에 의해 만들어지느니라.

경건하라. 경건하라.
거룩하라. 거룩하라.
정결하라. 정결하라.

여호와 하나님을 앙모하고
그분이 이 땅을 다시 새롭게 창조하고
다스릴 것을 믿는다면

너는 오늘 흠도 없고 점도 없고 책망받을 것 없이
주 예수 그리스도 앞에서 평강 가운데 나타나기를
힘쓰는 사람이 되어야 할 것이니라.

매일매일을 의미 없이 살지 말고
힘써서 살아야 하는 것이 무엇인가를 생각해볼지니라.

힘써서! 힘써서 오늘 하루를 잘 살아가는
나의 자녀가 되기를 원하노라.

많은 사람이 연단을 받아 스스로 정결하게 하며 희게 할 것이나
악한 사람은 악을 행하리니 악한 자는 아무것도 깨닫지 못하되
오직 지혜 있는 자는 깨달으리라 단 12:10

빛과 소금으로 살아갈지니라

너는 이 세상의 빛이라.
빛이 빛을 발하면
빛을 발하는 사람들 주위가
당연히 환해지겠지?

네가 선을 행해야 하는 이유는
네 주위 사람들이 그 선행으로 말미암아
네가 빛이 되는 하나님의 아들딸이라는 것을
알게 되기 때문이라.

사랑하는 나의 자녀들이
빛 된 자의 삶으로 살아가 주기를 내가 부탁하노라.

네가 전도하기를 원하고
네 주위 사람이 너를 통해 나를 알게 되기를 원한다면
선한 일 하기를 부지런히 할지니라.
내가 도와줄 것이니라.

너 혼자 하는 것이 아니라
네가 선행할 수 있도록 내가 도와줄 것이니라.

선행할 수 있도록 기도하고
선행하는 나의 손길을 기대하고
선한 행실을 함으로 말미암아
이 땅에 빛과 소금이 되는 삶을 살아갈지니라.
너는 그렇게 살아갈 수 있음이라.

이같이 너희 빛이 사람 앞에 비치게 하여
그들로 너희 착한 행실을 보고
하늘에 계신 너희 아버지께 영광을 돌리게 하라 마 5:16

나 외에 다른 우상을 두지 말지니라

오늘 네 마음에는 무엇이 충만하냐?
너는 무슨 생각이 그렇게도 많으냐?

돈 걱정
건강 걱정
내일 일에 대한 염려

무슨 생각이 그렇게도 많은지 내게 한번 말해보렴.
나에게 말을 하렴.
옆 사람들에게 말하기 전에 먼저 내게 말해보렴.

옆 사람이 하는 말보다
내가 네게 뭐라고 하는지
그 말을 들을 귀가 너에게는 있느냐?

사랑하는 아들, 사랑하는 딸

환난이 문제가 아닌 것은
네가 성경 말씀을 상고할 때 깨닫지 아니하겠느냐?

환난이 문제가 아닌 것이라.
환난을 지배하고 다스리며
그 환난을 통하여 복을 줄 수 있는 이는
여호와 하나님이라는 것을 명심할지니라.

나는 여호와 하나님이라.
나 이외에 아무 우상도 두지 말라.

염려도 우상이요 불안도 우상이니
이러한 모든 우상을 물리치고
여호와 하나님 한 분의 마음에 쏙 드는
그러한 사람이 되기를 기도하렴.

너는 나 외에는 다른 신들을 네게 두지 말라 출 20:3

내 음성을 잘못 듣더라도 낙망하지 말라

네가 하나님의 음성이라고 듣고 적어둔 것들이 있지 않으냐?
그 음성 그대로 모든 일이 다 되었느냐?
그렇게 되지 않았을 때 너는 무엇을 생각하느냐?
스스로 자책한 적은 없느냐?

'내가 하나님의 음성을 잘 들은 건가, 잘못 들은 건가?'
이 모든 것을 분별할 기준은
네가 오늘 어떤 자리에 있느냐는 것이란다.
너는 나에게 가까이 와 있느냐?
이전보다 더 가까이 와 있느냐?

하나님의 음성을 듣고 어떤 순종을 했는데도
'아, 내가 하나님의 음성을 잘못 들었구나!' 할 때가 있었느냐?

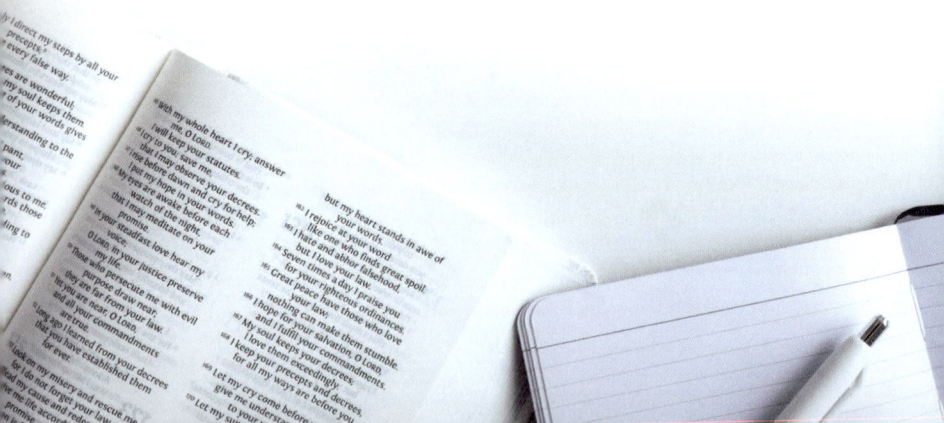

하지만 네가 들은 그 음성을 순종함으로
네 믿음이 더 깊어지고 나와 더 친밀해졌다면
네가 내 음성을 잘 듣고 잘못 듣고는
너에게 그렇게 중요한 일이 아님을 알게 될 것이니라.

너에게 중요한 것은 지금 너와 나의 친밀한 관계니라.

너는 네 친구의 말을 항상 잘 알아듣느냐?
네 친구가 너를 부를 때 항상 대답하느냐?
그렇지 않다면 설령 하나님의 음성을
잘못 들은 때가 있다 해도 절대로 낙망하지 말라.
너와 나 사이는 더 깊어졌고, 달라진 것은 없기 때문이라.

너는 나를 사랑하느냐?
내 앞에 이전보다 더 가까이 와 있느냐?
그러면 감사할지니라.
네가 나의 음성을 잘 들은 것이니라.

내 양은 내 음성을 들으며 나는 그들을 알며
그들은 나를 따르느니라 요 10:27

네 말을 내가 듣고 있음이라

너는 매일같이 대화하면서 이 땅에서 살아가고 있단다.
너는 어떤 대화를 어떤 사람들과 어떻게 나누고 있느냐?
네가 나누는 모든 대화를 내가 듣고 있다는 것을
너는 항상 인식하고 있느냐?

사람들은 하나님을 믿지 않으면서
아주 완악한 말로 이렇게 말하기도 할 것이다.

"하나님을 믿는 사람들에게 무슨 좋은 일이 있느냐?
하나님을 잘 섬기는 것이 얼마나 헛된 일인지!
하나님을 섬기는 사람들을 보라, 그들이 다 잘되는지.
하나님이 살아계신다면 하나님 잘 믿는 사람들한테
어떻게 그런 일이 생길 수 있느냐?"

그때 너는 그들에게 어떻게 대답하느냐?
그러할 때 여호와를 경외하는 자들이 피차에 말하는 것을
내가 듣고 있다는 것을 알고 있느냐?

하나님을 대적하는 사람들 앞에서
나를 경외하는 사람들이 어떻게 나를 변명해주고 있는지,
여호와 하나님에 대하여 어떻게 설명해주고 있는지,
그 말들을 내가 듣고 있다는 것이다.

그렇게 듣는 그들의 대화 내용을
내 앞의 기념책에 기록하고 있다는 것도 알고 있느냐?
너의 모든 말이 그 기념책에 기록될 수 있도록
하나님이 기뻐하는 말들을 네가 한다면 정말로 좋겠구나.

네가 그렇게 할 수 있다면,
여호와 하나님을 섬기는 자라는 인정을
내 앞에서 받게 될 것이니라.
나는 네가 나에 대하여 사람들에게 어떻게 말하는지
듣고 있는 하나님이라.

그때에 여호와를 경외하는 자들이 피차에 말하매
여호와께서 그것을 분명히 들으시고
여호와를 경외하는 자와 그 이름을 존중히 여기는 자를 위하여
여호와 앞에 있는 기념책에 기록하셨느니라 말 3:16

내가 너를 선대하리라

너는 정직하냐?
너는 선하게 행동하느냐?

하나님은 선하신 분인 것을 네가 앎이라.
그러니 네게 하나님 아버지를 닮은 선함이 있다면
내가 왜 너를 선대하지 아니하겠느냐?

하나님은 정직하시다는 것도 너는 앎이라.
그러니 네가 하나님의 정직함을 닮았다면
내가 왜 너를 선대하지 아니하겠느냐?

악한 죄인도 내가 용서하고 긍휼과 자비를 베푸는데
내게 와서 정직하고 선하게 행하는 네 삶이 있을 때
내가 왜 너를 선대하지 아니하겠느냐?

내가 너를 선대할 것이니라.
어디에 가도
절대로 홀대받지 않도록 도와줄 것이니라.

아들아! 딸아!
선하게 살아갈지니라.
정직하게 살아갈지니라.
나의 선대함이 너를 따를 것이니라.

겸손과 여호와를 경외함의 보상은 재물과 영광과 생명이니라
잠 22:4

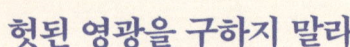

헛된 영광을 구하지 말라

어떤 일에도 욕심내지 말지니라.
허영에 빠지지 말지니라.
헛된 영광을 구하지 말지니라.

네가 헛된 영광을 구하지 아니하고
허영을 부리지 아니하고
과장하거나 허풍 떨지 아니하고
탐심과 탐욕이 없다면
싸울 일도 없다는 것을 알고 있느냐?

너희가 왜 싸우고
무엇 때문에 마음이 그렇게 힘든지.

평강 있을지어다.
평강 있을지어다.

남들을 너보다 더 낫게 여기는 겸손이 있을지어다.
네가 다른 사람들을 너보다 더 낫게 여기면
정말 싸울 일도 없다는 것을 알게 될 것이니라.

아무 일에든지 다툼이나 허영으로 하지 말고
오직 겸손한 마음으로
각각 자기보다 남을 낫게 여기고 빌 2:3

사람들이 왜 싸우겠느냐?
다른 사람을 나보다 더 낫다고 생각하기보다
내가 그 사람보다 더 낫다고 생각하니까
그렇게 여겨지지 않고 인정받지 않을 때
마음에 분노가 생기는 것 아니겠느냐?

평강할지니라.
싸우지 말고 비교하지 말지니라.
지금 있는 것을 족하게 여길지니라.
탐욕 부리지 말고 탐심을 갖지 말지니라.

내 형상을 닮아갈지니라

나는 네 모든 죄를 덮어버렸고
네 죄를 더 이상 기억하지 아니함이라.

너는 그것이 고마우냐?
내가 네 죄를 더 이상 기억하지 않는다는 것이 고마우냐?

그렇다면 그 고마움의 표현으로
다른 사람들의 죄를 덮어주고 기억하지 않는
삶의 적용을 해보는 것이 어떻겠니?

너는 나를 닮고 싶다고 말하지 아니하였더냐?
"하나님! 하나님을 닮고 싶어요."

나를 닮는 것, 그중 한 가지는
다른 사람들의 죄를 기억하지 않는 것,
곧 하나님의 품성을 닮는 것이니.
여호와 하나님 네 아버지의 품성을 닮는 것이니.

오늘 누구의 죄를 덮어주고 싶은지 생각해보겠니?
네게 잘못한 사람을 용서해줄 수 있는 그 마음은 곧
내가 네 모든 죄를 용서해주었음을 믿는 믿음과
믿음에 대한 감사의 열매가 아니겠느냐.

하나님 아버지를 닮아서
용서하고 죄를 덮어주는 네가 되기를 내가 축복하노라.

서로 친절하게 하며 불쌍히 여기며
서로 용서하기를 하나님이 그리스도 안에서
너희를 용서하심과 같이 하라 엡 4:32

나만 생각할지니라

무엇이 그렇게도 조급하냐?
조급해하지 말라.

너에게 중요한 것은
내가 너와 동행하고 있다는 확신이라.
그 확신이 너에게 중요한 것이라.

알파와 오메가 되시는 하나님이
모든 일을 이미 다 계획해놓았고
그 계획을 따라 너를 인도하고 있으니
네게 필요한 것은 나를 신뢰하는 마음이라.
그 신뢰하는 마음이 네게 평강을 줄 것이니라.

그리고 죄를 짓지 말라.
죄를 짓지 말라.
고범죄가 있는 것을 네가 알고 있으리라.

마음으로 하는 생각들도
네가 나만 생각하면 죄지을 새가 없다는 것도
알아야 할 것이니라.

믿음의 주요 또 온전하게 하시는 이인 예수를 바라보자
그는 그 앞에 있는 기쁨을 위하여
십자가를 참으사 부끄러움을 개의치 아니하시더니
하나님 보좌 우편에 앉으셨느니라 히 12:2

나만 생각할지니라.
나에 대한 것만 생각할지니라.
하나님은 그러한 생각들을 기뻐하심이라.
여호와 하나님이 너를 기뻐하시면
네 마음의 소원을 들어주게 될 것이니라.

무엇보다도,
매일 살아가는 가운데
'내가 어떻게 하면 하나님을 기쁘게 할 수 있을까?'
거룩한 고민을 하는 나의 귀한 자녀 되기를
내가 축복하노라.

그 '한 가지'를 내려놓을지니라

너는 지금 네가 하는 모든 일이 올바르다고 생각하느냐?
너는 나에게 기쁨이 되는 삶을 살고 있다고 생각하느냐?
너를 보는 사람들이 너로 인해
기쁨을 누리고 있다고 생각하느냐?

그렇다고 한다면
너는 무엇을 하면 나에게 '더' 큰 기쁨이 되어줄 수 있겠느냐?

네가 아흔아홉 가지 모두 잘하고 있다 해도
네 마음에 내려놓지 않은 '한 가지'를
내 앞에서 내려놓을 수 있겠느냐?

너는 이미 나를 기쁘게 하는 삶을 살고 있지만
'한 가지' 나에게 내려놓지 않은 게 있음을
네가 알고 있음이라!

그 '한 가지'를 내려놓을 수 있다면
나는 너로 인하여 '더' 큰 기쁨을 갖게 될 것이니라!

네가 그 '한 가지'를 내려놓지 않는다고
내가 분노하고 있는 게 아님을 너는 알고 있음이라.

그러나 네가 나를 '더' 기쁘게 하기를 원한다면
그 '한 가지'를 내 앞에 내려놓을지니라!
내가 그 '한 가지'로 인하여 아주 크게 기뻐하겠음이라!

너는 그 '한 가지'가 무엇인지 알고 있음이라!
네가 나를 '더' 기쁘게 하기 원한다면
그대로 행할지니라!

내가 너희에게 이르노니 이와 같이 죄인 한 사람이 회개하면
하늘에서는 회개할 것 없는 의인 아흔아홉으로 말미암아
기뻐하는 것보다 더하리라 눅 15:7

너의 관계를 돌아볼지니라

나는 너에게 여러 가지 관계를 이야기해주었단다.

결혼과 약혼, 이혼과 재혼에 관해 이야기했고
하나님을 믿지 않는 배우자에게 어떤 마음을 가져야 하는지,
어떤 사람과 함께 끝까지 잘 살아야 하는지,
어떠한 사람과는 헤어져야 하는지 이야기해주었다.

모든 사람과 좋은 관계를 갖는 것은 중요하지만
좋은 관계 자체가 네게 우상이 되어서는 안 된단다.
그 목적은 항상 흐트러짐이 없는 마음으로
여호와 하나님을 섬기기 위함인 것을 명심할지니라.

삶의 우선순위가 무엇인가를 늘 기억할지니라.
너의 본분은 여호와 하나님을 섬기는 것이라.
여호와 하나님을 먼저 섬기고,
그리고 이웃을 사랑하는 것임을 알아야 함이라.

여호와 하나님을 섬기는 마음에 자꾸 흐트러짐이 생긴다면
그 관계는 돌아보아야 할 것이니라.
나를 섬기는 데 도움이 되지 않고 오히려 방해가 된다면
그런 관계들은 정리할 수 있어야 한다는 것이라.

나를 섬기는 데 마음이 흐트러지지 않도록 할지니라.

온전한 마음으로 나를 섬길 수 있도록
'어떻게 하면 마음에 흐트러짐 없이 하나님을 섬길 수 있을까?'
그것을 생각하면서 너의 관계를 돌아볼지니라.
여호와 하나님이 모든 관계에 합당한 지혜를 주실 것이니라.

내가 이것을 말함은 너희의 유익을 위함이요
너희에게 올무를 놓으려 함이 아니니
오직 너희로 하여금 이치에 합당하게 하여
흐트러짐이 없이 주를 섬기게 하려 함이라 고전 7:35

정직히 행하는 자가 될지니라

정직히 행하는 자가 될지니라.
내가 누누이 말해주듯
나는 정직한 자에게 좋은 것을 아끼지 아니하는 하나님이라.

여호와 하나님은 해요 방패이시라
여호와께서 은혜와 영화를 주시며 정직하게 행하는 자에게
좋은 것을 아끼지 아니하실 것임이니이다 시 84:11

정직하라는 것이 그냥 율법적인 명령이라기보다는
네가 정직하면 내가 네게 복을 주겠다는
약속의 말씀이 이루어진다는 것이지.

코람데오! 하나님 앞에서 살아가는 삶이
네게 익숙하고 친숙한 삶이 되면 참으로 좋겠구나.

낯설거나 두려운 삶이 아니라 친숙하고 익숙한 삶.
바로 하나님 앞에서 사는 그 삶이 되기를 축복하노라.

내가 너를 알고 있으니 평강하라

평강하라.
평강하라.
내가 너를 알고 있으니 평강하라.
내가 너를 알고 있으니 평강하라.

내가 너를 알고 있다고 하는데 네가 평강하지 않다면
네 마음에 무엇이 있기 때문이냐.
네가 평강하다면 내가 너를 알고 있음을 믿는다는 것이고
내 앞에서 양심에 거리낌이 없다는 것이라.

남들이 너에 대해 뭐라고 말하느냐보다 내 앞에서 네 양심이
깨끗한지, 양심에 꺼릴 것이 없는지가 네 삶에서 중요하니라.
나는 너에게 양심을 만든 여호와 하나님이기 때문이라.

내가 자책할 아무것도 깨닫지 못하나
이로 말미암아 의롭다 함을 얻지 못하노라
다만 나를 심판하실 이는 주시니라 고전 4:4

너의 수치를 내가 다 감당하였노라

오늘 네가 고통스러우냐?
오늘 네가 겪는 이 일들 때문에 수치스러우냐?

왜 그런 생각을 하느냐?
너의 수치와 부끄러움을
내가 이미 십자가에서 다 감당하였음이라.

그는 실로 우리의 질고를 지고 우리의 슬픔을 당하였거늘
우리는 생각하기를 그는 징벌을 받아 하나님께 맞으며
고난을 당한다 하였노라 그가 찔림은 우리의 허물 때문이요
그가 상함은 우리의 죄악 때문이라
그가 징계를 받으므로 우리는 평화를 누리고
그가 채찍에 맞으므로 우리는 나음을 받았도다

사 53:4,5

오늘 네가 할 일은
십자가에서 너의 모든 수치와 부끄러움과
연약함과 괴로움과 죄 된 것
그 모든 것을 다 감당한 주 예수 그리스도

그분을 사랑하는 일이요
그분께 감사하는 일이요
그분이 사랑하는 온 인류인
너의 이웃을 사랑하는 것이라.
그것이 너의 본분이라.

내가 하라는 것만 잘하면 되는 것이라.
내가 하라는 것을 하고
하지 말라는 것은 하지 말고,
가라는 곳 가고
가지 말라는 곳 가지 말고.

네 삶이 그렇게 복잡한 게 아님을 알아야 할 것이니라.
단순하게 여호와 하나님 말씀에 순종하면서
그 순종을 기뻐하며 살아가는 것이
네 인생에 참된 복이라.

죄를 사함받을 때 어떤 마음이어야겠느냐

누군가가 네게 진 빚을 탕감해준 기억이 있느냐?
그 빚을 탕감해주려 할 때 너는 어떤 마음이었느냐?
기쁘지 않더냐?

네게서 "내게 진 빚을 갚지 않아도 됩니다"라는 말을 들을 때
그가 얼마나 기뻐하고 고마워할까 상상해본 적이 있느냐?
내가 네 죄를 사해줄 때 그런 마음인 것을
네가 알았으면 좋겠구나.

네가 모든 빚을 탕감해준다고 할 때
너는 빚진 그 사람에게 어떤 대답을 기대하느냐?

"아닙니다.
빚을 꼭 갚겠습니다.
탕감해주지 않아도 됩니다.
저는 빚을 꼭 갚을 겁니다"라는 말이냐?

아니면
"이렇게 고마울 수 없습니다!
어떻게 이런 일이 내게 일어났을까요?
이 은혜, 평생 잊지 않겠습니다"라는 대답이냐?

나는 네 죄를 사해주기를 기뻐하는 여호와로다.
네가 어떻게 네 죗값을 다 갚을 수 있겠느냐!
내가 그 모든 죗값을 깨끗하게 탕감해준다고 할 때
너에게 원하는 것이 어떤 대답이겠느냐?

죗값을 꼭 갚겠다는 대답이겠느냐?
아니면
"너무나 감사합니다.
이 은혜를 평생 잊지 않겠습니다.
두고두고 생각하겠습니다."
내가 네게 어떤 대답을 원한다고 생각하느냐?

나는 네 죄 사하기를 기뻐하는 여호와 하나님이라!
네가 지은 죄 때문에 마귀가 너를 고소하는 것을
절대로 허락하지 않도록 할지니라.

너는 내 것이라.
내가 너를 지명하여 불렀나니, 너는 내 것이라.
내가 네 모든 죄를
내 아들 예수의 보혈로 모두 다 사하였으니
네 모든 죄가 탕감되었음이라.

이제부터는 네 평생 감사하면서 살아갈지니라.
감사하고 또 감사하고 또 감사하고,
어떤 일을 만나더라도
감사를 잊지 않는 네가 되었으면 좋겠구나.

주와 같은 신이 어디 있으리이까
주께서는 죄악과 그 기업에 남은 자의 허물을 사유하시며
인애를 기뻐하시므로
진노를 오래 품지 아니하시나이다 미 7:18

하늘나라의 의를 먼저 찾는 자가 되어라

오늘 또 돈이 너의 걱정이냐?
네게 경건이 있고 가진 것에 만족할 줄 안다면
그것이 네 삶에 능력이 된다는 것을 알았으면 좋겠구나.

세상 사람들이 그렇게 부르짖는 돈을
너도 똑같이 돈, 돈, 돈 부르짖으며 살아야겠느냐?

돈을 노예 삼을 수 있다면 얼마나 좋겠느냐?
네가 돈을 부리면서 그 돈으로 남을 도와주고
하늘나라의 의를 먼저 찾는 사람이 된다면 얼마나 좋겠니?

오늘도 돈을 걱정거리로 삼지 않고
'어찌하면 하나님을 기쁘시게 할 수 있을까'
하늘나라의 의를 먼저 찾는 네가 되기를 축복하노라.

그러나 자족하는 마음이 있으면 경건은 큰 이익이 되느니라
딤전 6:6

내가 너를 깨끗하게 하였노라

나는 너를 용서했음이라.
믿을지니라.
나는 너를 용서했음이라.
믿을지니라.

그것이 1분 전이든지 1시간 전이든지
나는 네 죄를 용서하였노라.

네가 용서해달라고 기도했기 때문이고
나에게 부탁했기 때문이고
네 마음이 상한 심령이 되었기 때문이라.

사랑하는 나의 아들
사랑하는 나의 딸

회개하였느냐?
정말 마음으로 네 심령이 상한 경험이 있느냐?

그렇다면 믿을지니라.
내가 너를 깨끗하게 하였고
새로운 시간을 다시 허락하였고
이 시간도 너와 동행하고 있는 것을 믿을지니라.
그 믿음이 나를 기쁘게 하는 것이라.

그런즉 누구든지 그리스도 안에 있으면 새로운 피조물이라
이전 것은 지나갔으니 보라 새것이 되었도다 고후 5:17

감정을 믿지 말고 성경 말씀을 믿으라

너는 오늘 내게 잘못한 것이 있느냐?
아니, 어제 잘못한 것이 있느냐?

회개하였느냐?
아직도 회개하지 아니하였느냐?
아니면 회개는 했는데 아직도 마음이 찜찜하고 불편하냐?

이럴 때는
'회개했는데도 마음이 찜찜해요'라는
너의 감정을 믿지 말고
하나님이 너에게 말씀해주신 성경 말씀,
이미 기록된 하나님의 말씀을 믿을지니라.

**나 곧 나는 나를 위하여 네 허물을 도말하는 자니
네 죄를 기억하지 아니하리라** 사 43:25

회개했으면 하나님께서 깨끗이 잊어주시고
새 일을 계획하심을 믿고,
그렇게 인도하고 계시는 하나님을 믿도록 할지니라.

네가 그렇게 나를 믿어줄 때
내가 너를 고마워한다는 것을 어떻게 생각하느냐?

나를 믿어주렴.
너의 죄를 용서해주었고,
용서한 너와 함께 새 일을 계획하는 하나님을
너는 믿을 수 있어야 함이라.

어제까지 네게 무슨 일이 있었든지
오늘은 새날이고
오늘 너는 나와 다시 새롭게 동행하는 것을 기뻐할지니라.

내 음성 듣기를 멈추지 말지니라

너는 왜 내 음성 듣는 것을 주저하느냐?
하나님의 음성을 잘 듣는 것도 중요하지만,
하나님 음성 듣기를 멈추지 않는 것은
더 중요하다는 것을 네가 알았으면 좋겠구나.

나를 사랑하고 내 음성 듣기를 기뻐한 많은 종이 있지만,
그들의 말로가 더 이상 여호와 하나님의 음성 듣는 것을
사모하지 않고 멈춘다면
그들이 과거에 내 말을 잘 듣고 청종한 것이
얼마만큼 중요한 일로 남아 있게 되겠느냐?

너는 내 음성 듣는 것을 멈추지 말라.
네가 내 음성을 잘못 들었을 때도
나를 떠나지 않고 나에게 실망하지 않고
내 음성 듣기를 멈추지 않은 것을 내가 기뻐하노라.

너는 나에게 기쁨의 종이 되기를 원하지 않느냐?
그렇다면 끝까지 내 음성 듣기를 멈추지 않는
네가 되기를 내가 원하노라.

여호와께서 임하여 서서 전과 같이
사무엘아 사무엘아 부르시는지라
사무엘이 이르되
말씀하옵소서 주의 종이 듣겠나이다 하니 삼상 3:10

네게 긍휼 베풀기를 원하노라

너는 나를 어떻게 생각하고 있느냐?
네가 나를 올바르게 알 때
내 마음에 기쁨이 충만하단다.
너는 나를 올바르게 알고 있느냐?

'하나님께는 무조건 잘해야 한다.
상 받을 것만 해야 한다.
뭔가를 성취해야만 한다.
그래야 하나님이 나를 기뻐하신다.'
그렇게 생각하는 때가 많지 않으냐?
네가 그런 생각을 하지 않았으면 좋겠구나.

물론 네가 잘할 때
아비 된 마음으로 왜 기뻐하지 않겠느냐?
그러나 네가 무엇을 잘하기보다
나를 더 잘 알았으면 좋겠구나.

나는 긍휼 베풀기를 좋아하는 하나님이라는 것이다.
너를 바라볼 때 긍휼이 충만한 하나님,
너를 사랑하는 배려가 충만한 하나님이라는 것을
네가 알았으면 좋겠구나.

나를 올바로 아는 나의 자녀들을 볼 때
내가 기뻐한단다.

**아버지가 자식을 긍휼히 여김같이
여호와께서는 자기를 경외하는 자를
긍휼히 여기시나니** 시 103:13

사랑으로 행할지니라

너는 오늘 사역을 잘하였느냐?
사역하면서 피곤했느냐?
사역하면서 어려운 시간을 겪었느냐?
마음이 힘이 드느냐?

모든 사역, 즉 하나님의 일이라는 일들을 하면서
하나님이 사랑이신 것을 늘 기억하고 있느냐?

하나님은 사랑이시라.

네가 오늘 한 그 모든 사역 가운데 사랑이 있었느냐?
재정이나 힘이 아니라 하나님의 사랑이 없어서
사역이 힘들지 않았는가 돌아볼지니라.

하나님은 사랑이시라.
어떤 일에도 사랑, 믿음, 소망 이러한 것이 빠져 있다면
당연히 힘이 없어지는 너 자신을 보게 될 것이니라.

어떤 일이든 그것이 하나님의 일이라면
그 일 가운데는 믿음이 있어야 하겠고
소망이 있어야 하겠고 사랑이 있어야 함이라.

믿음, 소망, 사랑은 항상 있을 것인데
그중에 제일은 사랑이라고 내가 말해주었음이라.

오늘 너의 사역을 돌아보면서
너에게 사랑이 없었다면
그것을 회개하는 마음이 있어야 함이라.
그것이 겸손인 것이라.

사랑 없이 행한 일은 그 어느 것도
여호와 하나님 앞에서 가치가 없다는 것을
너는 알아야 할 것이니라.

내가 내게 있는 모든 것으로 구제하고
또 내 몸을 불사르게 내줄지라도
사랑이 없으면 내게 아무 유익이 없느니라 고전 13:3

사랑의 마음을 품기를 원하노라

네가 늘 기억해야 하는 것은
너는 절대로 심판주가 아니라는 것과
심판주는 여호와 하나님 단 한 분,
여호와 하나님 한 분이시라는 것이다.

그러니 너는 급히 판단하지 말고
하나님께 관용하는 마음을 달라고
그 기도를 먼저 할지니라.

영 분별을 잘하는 것도 정말 중요하지만,
한 사람 한 사람을
하나님께서 사랑하시는 마음으로,
하나님께서 인내하시는 그 마음으로 볼 수 있는 눈은
정확한 영 분별보다 더 귀한 것이라고 하겠다.

사랑하는 나의 아들
사랑하는 나의 딸

하나님이 무엇을 가장 귀히 여기시는지
그것을 늘 마음에 둘지니라.

하나님은 사랑이시라.

모든 것을 사랑과 함께 연관해서
하나님이 최우선으로 여기시는 사랑의 마음,
그 마음을 품고자 기도할지니라.

나는 너를 사랑하는 여호와 하나님이라.
네 이웃을 네 몸과 같이 사랑하기를 원하는 것은
내 마음의 아주 깊은 뜻이라.

온 율법은 네 이웃 사랑하기를 네 자신같이 하라 하신
한 말씀에서 이루어졌나니 갈 5:14

사랑이 열매가 되도록 기도할지니라

네 마음속에 꼭 필요한 것이 있나니
믿음, 소망, 사랑이라.

그중에 제일은 사랑이라고 했는데,
사랑만 있으라는 것이 아니라
믿음도 있어야 하고 소망도 있어야 하고
사랑도 있어야 하는 것이라.

오늘 네 마음에 나를 신뢰하는 믿음이 있느냐?
아니면 신뢰하는 믿음보다 두려움이 더 앞서 있느냐?

앞서 있는 것이 두려움이라면
그 두려움을 누르고 뒤로 제쳐놓을지니라.

나를 믿는 믿음이 네 모든 환경 앞에 서도록
믿음을 제일 앞자리에 세우고 나와 동행할지니라.

동행할 때는 소망을 함께 가져야 하겠지?
소망은 곧 기도라는 것이다.
기도해야 소망이 생기는 것 아니겠니?

기도할지니라.
기도하는 모든 것은 사랑으로 열매가 맺히게 해달라고
또한 기대하고 기도할지니라.

네가 소망하는 모든 것을 왜 기도해야 하겠느냐?
결국은 사랑이 열매가 되어야 하는 것이 아니겠느냐?
사랑이 열매가 되도록 소망을 가지며 믿음을 가질 것이니라.

그래서 사랑이 믿음, 소망, 사랑 중 가장 큰 것이라.

그런즉 믿음, 소망, 사랑, 이 세 가지는 항상 있을 것인데
그중의 제일은 사랑이라 고전 13:13

모든 영혼을 귀히 여길지니라

전도는 결코 어려운 일이 아니란다.
네가 나를 사랑하면
내가 사랑하는 것이 뭔지 당연히 궁금해지고
그것을 하고 싶은 마음이 생기게 되어 있음이라.

나는 전도하는 것을 사랑한단다.
내 마음의 가장 깊은 뜻은
모든 세상 사람이 구원을 받는 것이거든.

그러니 너도 오늘
그 누군가가 구원받게 해달라고 기도하든가
전도지 한 장을 전해주든가
전도하기 위해 누군가에게 착한 행실을 베풀어주든가

한 영혼이 내게 돌아올 수 있도록
기도해주면 좋겠구나.
선행을 베풀어주면 좋겠구나.

전도해주었으면 좋겠구나.
네가 그 상을 절대로 잃지 아니할 것이니라.

전도할 때는 절대로
교만한 마음을 갖지 않도록 할지니라.
모든 사람을 귀히 여기는 마음이 네게 필요함이라.

복음을 받지 않은 사람들을 긍휼히 여기고
더 사랑하는 마음으로 전도해야지
네가 먼저 복음을 받았다고 해서
건방진 마음으로 전도하지 않도록 할지니라.

많은 사람이 아직도 예수님을 믿지 못하는 이유 중 하나는
예수님을 먼저 믿은 사람들이
교만하게 전도했기 때문이라는 것을 생각해본 적이 있느냐?
교만하게 전도하지 말고 겸손하게 전도할지니라.

너희 마음에 그리스도를 주로 삼아 거룩하게 하고
너희 속에 있는 소망에 관한 이유를 묻는 자에게는
대답할 것을 항상 준비하되 온유와 두려움으로 하고 벧전 3:15

네 이웃이 누구인지 돌아보아라

여호와 하나님은 네가 잘되기를 원하는 하나님이시라.
네가 건강하고 모든 계획이 순적하고
하는 일들이 형통하기를 원하는 하나님 아버지가
너의 하나님 아버지시라.

그러나 내가 너를 사랑하기 때문에
네가 그냥 잘 먹고 잘살고 모든 것이 잘되기보다는
네 삶 카운데서 온전히 하나님 아버지를 닮아가는
품성이 있기를 내가 원하노라.

여호와 하나님은
사람들을 돌아보는 것을 기뻐하는 하나님이라는 것을
네가 알았으면 좋겠구나.

각각 자기 일을 돌볼뿐더러 또한 각각 다른 사람들의 일을 돌보아
나의 기쁨을 충만하게 하라 빌 2:4

네가 나를 닮는다면 너 역시
이웃을 돌아보는 것이 기쁨이 되어야 하지 않겠니?
다른 사람들을 돕고 섬기면서 그것이 기쁨이 된다면
그것이 너에게 임한 참된 복이라.

무엇으로 기뻐하면서 살아갈 것인가는 너의 선택인데
내가 네게 말하는 '기쁨이 되는 삶'은
이웃을 돌아보는 삶이라는 것이다.

오늘 네 이웃이 누구인가를 돌아보도록 하렴.
네 필요가 급한 것은 사실이지만
그 급한 필요 위에
다른 사람들의 필요를 돌아볼 수 있다면
네게 필요한 모든 것은 내가 다 만나주는 것을
경험하게 될 것이니라.

사랑의 하나님을 배워갈지니라

내가 너를 어떻게 생각하는 것 같으냐?
내가 너를 다른 사람들과 똑같이 여긴다고 생각하느냐?
아니면 특별히 여긴다고 생각하느냐?

나는
한 사람 한 사람을 특별히 생각하는
여호와 하나님이라.
한 사람 한 사람에게 특별한 계획을 갖고 있는
여호와 하나님이라.

그 계획을 네가 알기 원한다면
너는 나를 사랑하는 것을 배워야 할 것이니라.

너에게 일어나는 모든 일은
내가 너를 사랑하기에 허락한 일들이라는 것을
네가 깨달아야 하기 때문이라.

여호와 하나님의 이름은 사랑이라.
여호와 하나님의 이름은 사랑이라.

나는 네가 나를 알기를
사랑 그 자체인 하나님이라고
꼭 알았으면 좋겠구나.

사랑인 내가 너를 생각할 때 어떠하겠느냐?
사랑으로 충만하지 않겠느냐?

얼마나 내가 사랑하면 나의 독생자 예수를
너를 위해 십자가에 못 박혀 죽도록 허락했겠느냐.

나는 너를 사랑하는 하나님이라.
너에게 일어나는 모든 일을
'하나님께서 나를 사랑하시기 때문에 허락하셨구나'라고
꼭 믿어주었으면 좋겠구나.

우리가 알거니와 하나님을 사랑하는 자
곧 그의 뜻대로 부르심을 입은 자들에게는
모든 것이 합력하여 선을 이루느니라 롬 8:28

하나님의 기쁘신 뜻

네 삶에 여호와 하나님의 선하신 뜻, 기쁘신 뜻,
그리고 온전한 뜻이 무엇인가 분별하라고 했는데,
너는 너를 향한 나의 선한 뜻이 무엇이라고 생각하느냐?

부모가 자녀를 바라보며 갖는 생각은
모두 다 선한 생각이 아니겠느냐?

그러니 네가 건강하고, 범사에 잘되고,
네가 여호와를 경외하는 이 모든 것은
너를 향한 여호와 하나님의 선한 뜻이 아니겠느냐?

그런데 이렇게 선한 뜻이 네 삶에서 간과될 때는
기쁘신 뜻을 위함이라고 한다면,
네 삶의 기쁘신 뜻은 무엇일 것이라고 생각하느냐?

너를 향한 나의 기쁜 생각들은 네가 겪는 모든 상황에서
나를 알아가는 것이라고 네게 말해주고 싶구나.

나를 알아가는 과정 가운데
여호와 하나님의 선하신 뜻이 간과된다고 할지라도
네가 그러한 상황 때문에
여호와 하나님을 알아간다는 것이니
실망하지 말라.

나를 알아가는 것이
너를 향한 여호와 하나님의 기쁘신 뜻이라.

나를 알아갈지니라.
힘써 나를 알아갈지니라.
그리고 너의 모든 환경이
나를 알아가는 데 도구가 됨을 기뻐할지니라.

너희는 이 세대를 본받지 말고
오직 마음을 새롭게 함으로 변화를 받아
하나님의 선하시고 기뻐하시고 온전하신 뜻이
무엇인지 분별하도록 하라 롬 12:2

너의 그 자리에 내가 좌정하고 있음이라

너의 그 자리가 내가 기뻐하는 자리이니
너는 그 자리에 내가 좌정하고 있다는 것을 기억하며
그 자리를 잘 지켜낼지니라.

너 혼자가 아니고,
가장 높은 자리에는 여호와 하나님이 좌정하고 계시니라.
내가 너를 지켜보고 돌보며
네게 필요한 도움도 다 불러줄 것이니 너는 안심하라.
내니 안심하라.

많은 사람이 나의 일을 한다면서 왜 그렇게 슬픈지.
왜 그렇게 힘들어하고, 왜 그렇게 불평도 많은지.
너는 제발 그런 종이 되지 않았으면 좋겠구나.
네가 하는 사역을 끝까지 즐기는 자가 될지니라.

이 모든 것이 내가 네게 준 특권이라는 것을 생각하며
넘쳐나는 기쁨과 감사함으로 내 일을 누리면 좋겠구나.

나는 나의 백성, 나의 종들이 나의 일을 하면서
나를 누리길 원하는데
그들은 나를 누리기보다는 사역을 누리기를 원하고,
사역을 잘하기를 원하고, 사역을 위해서 기도한다.

나는 그들이 사역을 위해서 기도하기보다는
나를 더 사랑하기를 기도하면 좋겠고,
나와 더 친했으면 좋겠고,
사역하기 때문에 내가 더 좋았으면 한단다.

사랑하는 나의 종, 너는 나의 일을 하면서
여호와 하나님을 더 힘써 알아가야 할 것이라.
그 시간이 나를 더 깊게 알아가고,
더 사랑하는 시간이 되어야 할 것이니라.
그리고 나를 더 기뻐하고 누리는 시간이
네게 주어질 것을 믿을지니라.

무슨 일을 하든지 마음을 다하여 주께 하듯 하고
사람에게 하듯 하지 말라
이는 기업의 상을 주께 받을 줄 아나니
너희는 주 그리스도를 섬기느니라 골 3:23,24

그 말 한마디 안 들으면 어떠니

선한 일을 하면서 지치지 않았으면 좋겠구나.
사람들이 당연히 네게 고맙다고 해야 하는데 하지 않을 때
나는 너의 속말을 읽고 있단다.

너는 이렇게 말하고 있지.
"'고맙습니다' 한마디인데 왜 그 한마디를 못 할까?"

그래서 네 마음이 섭섭할 수 있고,
고맙다는 그 한마디를 듣고 싶은 마음이 있는 것을
나는 알고 있단다.

그러나 사랑하는 딸아!
네가 말하는 것처럼 고맙다는 그 말 한마디인데,
그 한마디 안 들으면 어떻겠니?

이렇게 한번 생각해보려무나.
'고맙다는 말 그 한마디를 안 들으면 어떤가?'
라고 말이다.

나는 세상의 그 많은 사람에게
좋은 일을 참 많이 하고 그들을 도와주지만,
모든 사람이 나에게 고맙다고 말하는 것은 아니란다.

그럼에도 나는 오늘도 그들에게 똑같이 베풀어
해와 비와 구름, 우주의 모든 것이
그대로 운행되고 있지 않으냐?

그러니 너도
고맙다는 그 한마디 안 들으면 어떠냐는 생각으로
네 마음을 다스리면 좋겠구나.

형제들아 너희는 선을 행하다가 낙심하지 말라 살후 3:13

남을 판단하지 말라

나는 정말로 내 사랑하는 백성들이
남을 섣부르게 판단하지 않았으면 한단다.

사람을 판단하는 자리는
여호와 하나님, 심판관이신 하나님에게 속했음을
명심해야 할지니라.

그러므로 남을 판단하는 사람아,
누구를 막론하고 네가 핑계하지 못할 것은
남을 판단하는 것으로 네가 너를 정죄함이니
판단하는 네가 같은 일을 행함이니라 롬 2:1

어떤 일의 옳고 그름을 분별하는 것이
판단인 것은 아니니라.

그러나 분별을 넘어서 어떤 사람을 정죄하게 된다면
그것은 분별이 아니라 판단이고 비판이 되겠지.

이것을 모두 잘 분별할 수 있는
분별력을 달라고 기도할지니라.

나는 자비로운 하나님이라.
그래서 용서하기를 급히 하고 싶어 하고,
더 많은 사람이 내게 용서받으려 앞으로 나아오기를
기다리고 인내하는 하나님이라.

그러한 하나님이 네가 알고 있는 하나님인 것이라.

나에게로 돌아올지니라.
이전에 나와 친밀했던 그 시간을 꼭 기억하고
추억해보면서 나에게로 돌아올지니라.

나는 너를 기다리는 여호와 하나님이라.
너는 오늘 돌아올지니라.
나에게로 돌아올지니라.

네 말의 숫자를 내가 세고 있음이라

너는 오늘 무슨 말을 하고 싶었느냐?
그리고 무슨 말을 하지 않았느냐?

"경우에 합당한 말은
아로새긴 은쟁반에 금 사과"(잠 25:11)
라는 성경 말씀처럼

네가 매사에 올바른 말을 하는 것은
참으로 중요하지만,

네가 매사에
하고 싶었지만 꾹 참고 하지 않은 말들의
중요성 역시 잊지 않았으면 좋겠구나.

사람들은 억울할 때 말을 잘해서
사람들의 오해에서 벗어나고
자신도 더욱 자유로워지기를 바라지만,

때로는
여호와 하나님의 영광을 위하여
또한 그 사람의 인격의 성숙을 위하여

꼭 하고 싶은 말이었어도
하지 않고 참은 그 시간을
하나님께서 보고 계신다는 것을
알았으면 좋겠구나.

말을 잘하는 것이 정말로 중요하지만,
하고 싶었어도 하지 않고 꾹 참은
그 말들의 숫자를 내가 세고 있다는 것도
기억했으면 좋겠구나.

말을 아끼는 자는 지식이 있고 성품이 냉철한 자는 명철하니라
잠 17:27

예수 그리스도를 가장 잘 본받은 모습은

네가 이 땅에서 해야 할 일
그것은 섬김이라는 것을 너는 알고 있음이라.

인자가 이 땅에 온 이유,
섬김을 받으러 오지 않고 섬기러 왔다는
성경 말씀을 기억하며
너도 네가 사랑하는 너의 주인 예수 그리스도를
본받고 싶다고 기도하지 않느냐?

그 예수 그리스도를 가장 잘 본받는 모습은
섬김의 자세에 있다는 것을 기억할지니라.

네가 예수 그리스도의 피로 대속되었고
그 사랑을 입고 살아가니
그 사랑을 갚고 싶은 너의 마음은
네 이웃을 섬김으로 번져가야 할 것이라.

사랑하는 내 딸
사랑하는 내 아들

너의 섬김에 지침이 없기를
너의 섬김에 망설임이 없기를
너의 섬김에 후회가 없기를

여호와 하나님이 너를 도와주실 것이니라.
기쁨과 감사로 다른 이들을 섬길 수 있도록
너에게 내 사랑을 깨닫게 해줄 것이니라.

네가 내 사랑을 깨달을수록
더욱더 네 이웃을 마음 다하여 섬기고 싶어질 것이니라.
그것이 곧 눈에 보이지 않는 하나님을
네가 사랑하고 있다는 확증인 것이라!

인자가 온 것은 섬김을 받으려 함이 아니라
도리어 섬기려 하고
자기 목숨을 많은 사람의 대속물로 주려 함이니라 마 20:28

기도의 응답은 내게 있단다

누군가를 위해 기도해주었을 때
그 기도를 받고 어떤 사람은 병이 낫는데
또 어떤 사람은 병이 낫지 않을 때
의아한 생각이 들지 않느냐?
왜 어떤 사람은 병이 낫고 어떤 사람은 병이 낫지 않을까?

모든 것에는 나의 시간이 있는 것이라.
또한 그러한 일들을 통해서 너는
네가 아니라 내가 하나님이라는 것을 기억해야 함이라.

누군가의 병이 낫는 것은
네가 가진 기술이 아니라 하나님의 능력인 것이라.

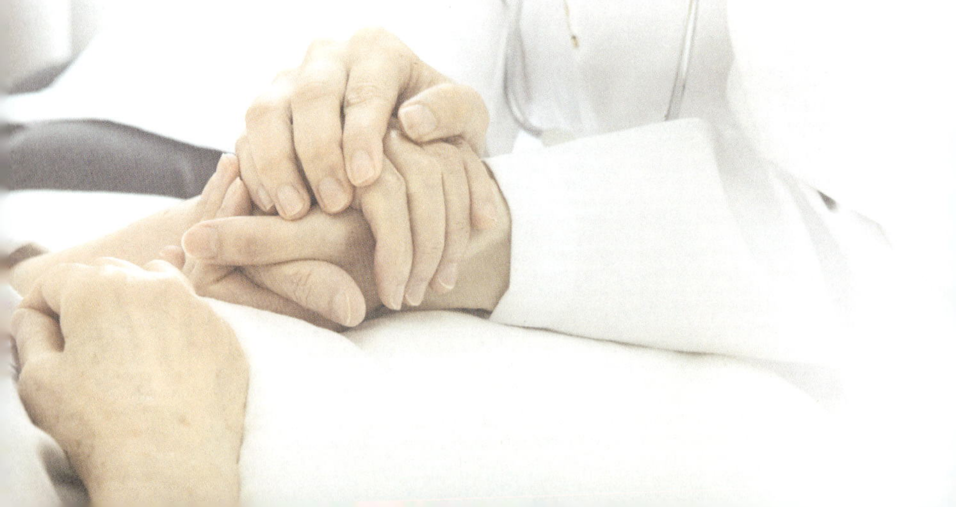

하나님의 능력으로 말미암아
한 사람이 낫기도 하고
한 사람은 기도를 받았는데도 낫지 않기도 하니

네가 한다고 생각하지 말라.
네가 한다고 생각하니까 기도해주기를 망설이는 것이라.
내가 언제 너보고 모든 사람을 고치라고 하더냐?
모든 사람을 위해서 기도해주라고 했지.

기도해줄 때 병이 낫거나 낫지 않는 것은
나의 주권에 있는 것이지
너에게 있는 것이 아니라는 것이다.

그러나 너는 기도해줄지니라.
여호와 하나님의 영광을 위하여
기도 받는 사람들에게 '나음'이 있기를 기도할지니라.

그러므로 너희 죄를 서로 고백하며
병이 낫기를 위하여 서로 기도하라
의인의 간구는 역사하는 힘이 큼이니라 약 5:16

기도 부탁받는 것을 기쁘게 여겨라

사람들에게 기도 부탁을 받을 때 네 마음이 어떠하냐?
마음이 어려우냐?
마음이 무거우냐?
왜 어렵고 무거운지 그 이유를 알고 있느냐?

네가 기도 부탁을 받는다는 것은
사람들이 너를 기도하는 사람으로 인정해주는 것이니
일단 감사해야 하고,

네가 그 기도를 하나님께 올려드릴 때는
하나님의 주권을 인정하는 것이니
하나님께 기도할 수 있는 너의 특권을 감사해야 하는데,

너는 기도 부탁을 들으면서 마치 네가 하나님인 것처럼
네가 그 기도를 듣고 응답해주어야 하는 자리에 있는 것처럼
착각하기 때문에
기도 제목을 받을 때 마음이 무겁고 어렵지 않으냐?

나는 다른 사람들을 위해서 기도해주라고 명령했지,
그 기도에 응답해주라고 명령한 적은 없음이라.

기도의 응답은 나의 자리요 나의 몫인 것이라.
내가 할 것이니라.
그러나 기도해주는 것은 너의 자리요 너의 몫이며
네가 할 수 있는 섬김이 아니겠느냐.

그러니 기도 부탁받는 것을 어렵게 생각하지 말라.
기도해주면 되는 것이라.

그 기도의 응답은 내게 있으니
너는 내게 그 기도를 가져다주기만 하면 되는 것이라.
그것이 너의 일이니
기도 부탁받는 것을 기쁘게 여길지니라.

그를 향하여 우리가 가진 바 담대함이 이것이니
그의 뜻대로 무엇을 구하면 들으심이라 요일 5:14

내가 너와 함께하니 평강할지니라

평안하냐?
평안하냐?

악인의 마음에는 평안이 없다는 것을
너는 알고 있음이라.
네가 악인이 아니라 의인이라는 것은
네 마음속에 평강이 있다는 것이라.

이 평강은 사람이 주는 것이 아니라
하나님께서 주시는 것이기 때문에
하나님으로부터 이 평강이 내려왔다는 것을
너도 알고 있음이라.

평안을 너희에게 끼치노니 곧 나의 평안을 너희에게 주노라
내가 너희에게 주는 것은 세상이 주는 것과 같지 아니하니라
너희는 마음에 근심하지도 말고 두려워하지도 말라 요 14:27

쉬어야 한다면 조금 쉬는 것도 하나님의 뜻이라.
내가 언제 너보고 항상 달리라고만 하더냐?
열심히 뛰는 그 달음질을 멈출 때도 있어야 함이라.

그러나 열심히 뛰고 쉬는 것보다 중요한 것은
네가 열심히 뛸 때도
여호와 하나님이 너와 동행하고 계시며
네가 조금 쉴 그때도
여호와 하나님이 너와 함께하신다는 것이라.

그것에 대해서 확신이 있느냐?
그 확신은 너에게 평강으로 이어질 것이니라.

평강할지니라.
평강할지니라.
의인의 마음에는 평강이 있음이라.

내가 거룩하니 너희도 거룩하라

'거룩'이 무엇이라고 생각하느냐?
세상과 구별되는 것이 '거룩'이라고
내가 가르쳐주지 아니하였더냐?

그렇다면 세상은 지금 무어라고 말하느냐?
세상이 말하는 것과 반대로 가면
그것이 '거룩'이 되겠지?

세상이 거짓말하면 형통하다고 말하더냐?
너는 반대로 가면 되겠지?

거룩할지어다.
내가 거룩하니 너도 거룩할지어다.
내가 거룩하니 너도 거룩할지어다.

너의 거룩함을 통하여 사람들은
네가 나의 자녀인 것을 알게 될 것이니라.

오직 너희를 부르신 거룩한 이처럼
너희도 모든 행실에 거룩한 자가 되라
기록되었으되 내가 거룩하니
너희도 거룩할지어다 하셨느니라

벧전 1:15,16

내가 다시 올 그때를 늦추고 있는 이유

나를 만날 준비가 되어 있느냐?
나는 너를 만날 준비가 되어 있단다.
기쁘고 설레는 마음으로 기다리고 있단다.

그러나 오늘도 나는 한 사람이라도 더 나를 만날 수 있도록
내가 다시 오는 그때를 늦추고 있다는 것도 너는 알고 있겠지?

정결할지니라.
정결할지니라.
정결할지니라.

네가 정결할 때 여호와 하나님이 행하시는
기이한 일들을 꼭 보게 될 것이니라.

여호수아가 또 백성에게 이르되 너희는 자신을 성결하게 하라
여호와께서 내일 너희 가운데에 기이한 일들을 행하시리라 수 3:5

정결한 마음을 사모할지니라

너는 영적 전쟁이 있다고 믿느냐?
너의 영적 전쟁터는 어디라고 생각하느냐?
바로 너의 마음이라.

네 마음에 일어나는 모든 생각,
환경을 통해 받은 모든 영향력,
그 모든 것은 네가 지금 마주한 영적 전쟁에서
어떠한 도움이 되고 있는지.

사랑하는 나의 자녀들아,
영적 전쟁에 항상 이기려면
정결한 그리스도의 군인이 되어야 하느니라.
여호와 하나님은 정결한 자를 사용하시니
너의 무기는 정결함에 있음이라.

사랑하는 나의 백성들아,
정결할지니라. 거룩할지니라. 구별될지니라.

여호와 하나님이 구별된 너희를 통하여
이 땅의 모든 악한 권세를 이기시겠음이라.

너는 너의 미래를 무엇으로 준비하고 있느냐?
나는 곧 올 것이고 속히 올 것이라고
그렇게 내가 말하지 아니하였더냐?

이것들을 증언하신 이가 이르시되
내가 진실로 속히 오리라 하시거늘 … 계 22:20

내가 곧 온다는 말, 속히 온다는 그 말은
반드시 온다는 이야기인 것이다.
반드시 반드시 반드시!

그때는 아무도 모른다고 내가 말했을지라도
그때를 위한 준비는
언제든 할 수 있다는 것을 알고 있느냐?
아무 때라도 너는 준비될 수 있어야 하는 것이라.

내가 도적같이 온다는 말도 성경에 기록되어 있지 않으냐?

보라 내가 도둑같이 오리니
누구든지 깨어 자기 옷을 지켜 벌거벗고 다니지 아니하며
자기의 부끄러움을 보이지 아니하는 자는 복이 있도다 계 16:15

그러니 내가 언제 다시 오든지 너는 준비되어야 함이라.

그 준비의 첫 단계는 네 마음의 정결함이라.
정결한 마음을 사모할지니라.
그리고 입술의 고백들은 당연히
정결한 고백이어야 할 것이니라.

나는 불평, 불만을 정결한 고백으로 생각해본 적이
한 번도 없음이라.
내가 생각하는 정결한 고백을
나에게 고백하면 정말로 좋겠구나.

주를 향하여 이 소망을 가진 자마다
그의 깨끗하심과 같이 자기를 깨끗하게 하느니라 요일 3:3

나의 거룩함을 주목할지니라

너는 네가 당하고 있는 전쟁에서 승리할 것을 확신하느냐?
그 승리의 확신은 어디서 비롯되는 것이냐?

왜 너는 너의 경건이 네 능력이라고 생각하느냐?
왜 너는 네가 가진 능력이
너의 전쟁에서 승리를 가져다준다고 생각하느냐?
왜 너는 '너'를 주목하고 있느냐?

너를 주목하지 말라!
나만 바라보는 것이 '참된 능력'이라!
너는 나의 '하나님 됨'을 바라봐야 하는 것이라!

나 여호와는 거룩한 하나님이라!
나의 거룩함을 주목할지니라!
나의 거룩한 임재 안에 거하기를 사모할지니라!

네가 생각하는 너의 강함도 네가 생각하는 너의 약함도
전쟁에서 승부를 결정할 수 없는 것이라.

모든 전쟁의 승부는 여호와 하나님
나 하나에게 달려 있다는 것을 너는 믿어야 할 것이니라!

나는 알파와 오메가요 처음과 나중이지만
전쟁은 내가 시작한 게 아니라!
나로 말미암지 않은 모든 것은 멸망할 것이니라!
파쇄될 것이니라!

나는 모든 것의 처음이요 모든 것의 나중이 될 것이지만
선하지 않은 것의 처음은 내가 아니니라!
나 여호와는 가장 선한 것의 처음이요
가장 마지막의 선한 승리 역시 나의 것이니라!

나는 알파와 오메가요 처음과 마지막이요 시작과 마침이라 계 22:13

3부

승리

네가 의지하는 것들이 모두 사라진 이유

너에게 가장 큰 무기는
여호와 하나님을 '완전하게 신뢰'하는 것이란다.
그것이 너에게 있는 가장 큰 무기가 될 것이니라.

여호와 하나님 한 분만 의지하는 것이
너에게 가장 큰 무기가 되게 하기 위하여
나는 네가 의지하고 싶어 하는 다른 모든 것을
네 옆에서 치웠다는 것을 너는 알고 있느냐?

그래서 네가 그 누구도 의지할 수 없고
나 하나만 바라볼 수밖에 없는 환경을
내가 만들었다는 것이다.

그러하니 걱정하지 말라!
네가 나만 바라보고 있다고 내가 인정할 때
너는 네가 당하고 있는 전쟁에서
완전한 승리를 갖게 될 것이니라!

내가 너에게 다시 말하노라!
너에게 있는 가장 큰 무기는
'여호와 하나님 단 한 분만 의지하고 신뢰하는 것'임을!

나만 바라볼지니라.
나만 바라볼지라.
그리하면 아무리 치열한 전쟁이라 할지라도
승리는 너의 것이 되리라.

우리 하나님이여 그들을 징벌하지 아니하시나이까
우리를 치러 오는 이 큰 무리를 우리가 대적할 능력이 없고
어떻게 할 줄도 알지 못하옵고 오직 주만 바라보나이다 하고

대하 20:12

네 감정을 따라 마음을 빼앗기지 말라

너는 무엇이 그렇게도 억울하냐?
너는 무엇에 그렇게도 화가 나 있느냐?
너는 무엇을 해명하고 싶은 것이냐?
너는 사람들이 너를 어떻게 생각해주면 기뻐하겠느냐?

네 인생의 주인공은 네가 아니라
'네가 주인이라고 부르는 예수 그리스도'인 것을 잊었느냐?

해명하지 말아라.
오해받았다고 너무 슬퍼하거나 위축되어 있지 말지니라!

나는 너를 알고 있단다.
너는 나를 위해 살았음이라.
내가 너를 인정해주는데
너는 사람으로부터 오해받고 모함받았다고
왜 그렇게 호들갑스러워 하느냐!
잊을지니라!

너는 나의 정예부대
'그리스도의 군사'인 것을 잊지 말지니라!
예수와 그의 십자가 죽음에 대한
'복음 전파'의 일이 아니라면
억울하고 분하다는 너의 개인적인 감정을
짓밟아 이길 수 있어야 함이라!

나를 바라보라!
너를 공격하는 헛된 말들에
너의 마음을 빼앗기지 말고
나를 바라볼지니라!

예수 그리스도!
그는 너에게 살아계신 하나님이요
너의 구세주가 됨이라.

내가 너희 중에서 예수 그리스도와
그의 십자가에 못 박히신 것 외에는
아무것도 알지 아니하기로 작정하였음이라

고전 2:2 개역한글

혼자일 때도 의의 병기로 살라

너는 혼자 있을 때 무엇을 하느냐?
너는 혼자 있을 때 무엇을 생각하느냐?
너는 혼자 있을 때 무엇을 먹고 마시느냐?
너는 혼자 있을 때 무엇을 보느냐?

너는 '의의 병기'냐 '불의의 병기'냐?
너의 적이 '마귀'인 것을 인지하고 있느냐?
네가 하는 일들이 마귀의 세계에서
어떤 영향력이 되고 있는지 알고 있느냐?

많은 사람이 자기 혼자 술 마시는 것을
심각한 죄로 생각하지는 않는단다.
자기 혼자 술을 마시니
그것이 다른 사람들에게
아무런 악영향을 미치지 않는다고 생각하지.

술이나 야한 동영상이라든가 게임이라든가
이 모든 중독에 빠져 있어도 사람들은
'나 하나쯤이야!'
'아무도 보지 않는데 이게 어때서?'
이렇게들 생각한단다.

그러나 그렇듯 사람들이
하나님이 정한 죄를 죄로 여기지 않으면서 행할 때
마귀는 힘을 받는다는 것을 알고 있느냐?
바로 그때가 '불의의 병기'로 사용되고 있는 때임을
너는 깨달아 알고 있느냐?

"하나님이 선하다면서 왜 우리 인간에게 고통을 주느냐?"
라고 사람들이 물을 때 너는 뭐라고 답하느냐?
진정 고통을 주는 이가 '선한 하나님'이 맞는다고 동의하느냐,
"고통은 마귀가 가져다주는 것"이라고 대답하느냐?

마귀가 언제 누구에게 고통을 주느냐?
마귀가 악한 일을 할 힘을 어디서 얻는다고 생각하느냐?

바로 사람들이 음란한 일을 할 때,
술에 취할 때, 폭력을 휘두를 때,
더러운 욕설을 입에서 내뿜을 때인 것을 알고 있느냐?

그럴 때 마귀가 힘을 얻어서
이 땅의 선한 사람들에게
고통을 주는 일을 하는 것이란다!

그러니 고통의 원인이 하나님이라고 말하지 말고
너희의 범죄와 완악함이라는 것을 알아야 함이라!

너희는 "내가 직접 사람을 해치지 않았다!
음주 운전하면서 사람을 내 차로 친 적이 없다!
나는 다만 혼자 술을 마셨을 뿐이다!
성폭행하지 않았다!
나 혼자 야한 동영상을 보았을 뿐이다!"
이렇게 말할 수 있겠지만,

그러한 시간을 통해 마귀가 힘을 얻어서
사람들이 고통받는 일을
저지르게 했다는 것을 생각해볼지니라!

불의의 병기가 되지 말고 의의 병기가 되도록
깨어서 기도할지니라!
네게는 '예수 그리스도'라는 능력의 이름이 있고
예수의 이름으로 대적하는
'대적기도'도 있음을 기억할지니라!

연약한 너를 위해 기도해달라고 부탁하는 '중보기도' 역시
네게 강력한 영적 무기가 될 수 있음을 기억할지니라!
죄가 네 문 앞에 있어도
너는 능히 그 죄를 다스릴 수 있음이라!
내 말을 믿을지니라!

또한 너희 지체를 불의의 병기로 죄에게 드리지 말고
오직 너희 자신을
죽은 자 가운데서 다시 산 자같이 하나님께 드리며
너희 지체를 의의 병기로 하나님께 드리라 롬 6:13 개역한글

네 이웃을 귀중히 여길지니라

너는 전쟁에 승리하기를 원하느냐?
어떠한 전쟁이라도 너는 전쟁에서 승리하기를 원하느냐?
기도할지니라! 네 기도를 하나님이 응답해주실 것이니라!

그러나 네가 아무리 기도해도
응답이 되지 않을 때가 있다는 것은 알아야 할 것이니라!

네 이웃이 네게 귀하게 여겨지느냐?
너는 그들을 믿음이 없다고 무시하지는 않느냐?
너의 가족 하나하나를 모두 귀하다고 생각하느냐?

네 가족이 귀하지 않게 여겨지는데
남들을 위한 전쟁에서 네가 굳이 이겨야 할
이유는 무엇이고 목적은 무엇이겠느냐?

네가 알고 있는 모든 이를 귀히 여기게 해달라는
기도를 먼저 드릴지니라!

네 남편을 귀히 여길지니라
네 아내를 귀히 여길지니라
네 부모를 귀히 여길지니라
네 자녀를 귀히 여길지니라

네가 이웃을 귀히 여기지 못한다면
너는 그들을 위한 영적 전쟁에서 승리할 수 없음이라!

네 기도가 왜 응답되지 않는지를 너는 알아야 할지니라.

남편들아 이와 같이 지식을 따라 너희 아내와 동거하고
그를 더 연약한 그릇이요 또 생명의 은혜를
함께 이어받을 자로 알아 귀히 여기라
이는 너희 기도가 막히지 아니하게 하려 함이라 벧전 3:7

이웃 사랑하기를 힘쓸지니라

너는 이미 사랑받고 있다는 것을 기억할지니라.

네가 다른 사람들에게 사랑받고
귀중히 여김 받기를 원한다고 기도할 수 있지만
네가 그 전에 알아야 할 것은
내가 너를 사랑하고 내가 너를 귀중히 여긴다는 것이다.

그러니 네가 내 사랑을 먼저 받았으니 다른 사람들을
사랑하기가 어렵지 않겠다는 생각을 하면 좋겠구나.

나는 너를 사랑하는 여호와 하나님
어제나 오늘, 내일도 동일하게
너를 사랑하는 여호와 하나님이라.

네가 우울할 때도 밝을 때도 나는 여전히 너를 사랑하니
네가 힘들 때, 괴로울 때, 울 때,
어디론가 도망가고 싶을 때, 때로는 스스로 자책할 때도

그 모든 상황에서도 네가 기억할 것은
나는 너를 한결같이 사랑하는 여호와 하나님이라는 것이다.

영원토록 동일하게 너를 사랑하시는
여호와 하나님을 기억하면서
오늘 너의 이웃 사랑하기를 힘쓸지니라.

네가 그렇게 할 수 있도록 내가 너를 도와줄 것이라.

네가 그렇게 하기 원할 때,
너는 이미 나의 사랑을 받으며
내가 귀중히 여김을 베푸는 사람이라는 것을 기억할지니라.

하나님이여 주의 생각이 내게 어찌 그리 보배로우신지요
그 수가 어찌 그리 많은지요
내가 세려고 할지라도 그 수가 모래보다 많도소이다
내가 깰 때에도 여전히 주와 함께 있나이다 시 139:17,18

감사로 충만하길 원하노라

네 마음속에 감사가 충만하냐?
감사가 충만하지 않다면
무엇으로 충만한지 내게 말해보겠니?
네가 무엇으로 충만하면
내가 기뻐할지 생각해보았니?

너는 하루를 살아가면서 매일같이 나에게
"도와주세요. 도와주세요."
"이런 거 도와주세요. 저런 거 도와주세요."
그렇게 말하지 않니?

그런데 그렇게 도와달라고 말하기 전에
내게 감사의 제사를 지내는 건 어떨까?

감사로 제사를 드리는 자가 나를 영화롭게 하나니
그의 행위를 옳게 하는 자에게
내가 하나님의 구원을 보이리라 시 50:23

"하나님, 감사합니다. 도와주실 하나님, 너무나 감사합니다."
이렇게 기도하게 되면
네 기도에 더 능력이 있게 된다고 생각하지는 않는지?

감사하는 마음, 내가 너무나 좋아하는 마음이고
감사하는 고백, 내가 너무나 듣기 기뻐하는 고백이란다.

너는 오늘도 감사로 충만할 수 있음이라.
너의 자유 의지를 사용하렴.
내가 왜 자유 의지를 주었겠니?

너는 환경을 뛰어넘어서 너의 자유 의지를 사용하여
나에게 감사할 수 있고 나를 찬양할 수 있고
이웃을 칭찬할 수 있고
이웃을 시기, 질투하는 마음을 다 거절할 수 있단다.

오늘도 너는 나의 말씀 가운데 걷게 될 것이니라.
여호와 하나님의 말씀과 동행하다 보면
하나님의 말씀이 너의 삶을 다스리는
능력을 체험하게 될 것이니라.

모든 환경에 감사할지니라

너는 오늘 어떠한 마음이냐?

마음이 슬프냐?
마음에 낙망이 되느냐?
마음속에 서러움이 있느냐?
마음 가운데 괴로움이 있느냐?

그러할 때 너는 어떤 말을 듣고 싶으냐?
누가 너에게 다가왔으면 좋겠느냐?
너에게 어떻게 다가왔으면 좋겠느냐?

그런 것을 생각해볼 때 너 역시
네가 사랑하는 형제자매가 어려울 때,
슬플 때, 억울할 때, 괴로울 때
어떤 말을 해주면 좋을지
그 지혜를 얻게 되리라.

그러니 네게 일어나는 어떤 일도 우연은 없고
네가 너의 지체를 세워주고 위로할 수 있는
도구가 된다는 것을 생각한다면,
오늘 겪고 있는 그 어떠한 감정이라도
너는 그것을 감사하게 될 것이니라.

네가 이 땅에 살아가는 이유,
첫째는 하나님을 경외하고 사랑하는 것이지만
그다음은 네 이웃을 사랑하는 것이니,
네 이웃을 사랑하기 위하여
하나님이 사용하시는 모든 환경을 감사할지니라.

예수께서 이르시되 네 마음을 다하고 목숨을 다하고
뜻을 다하여 주 너의 하나님을 사랑하라 하셨으니
이것이 크고 첫째 되는 계명이요 둘째도 그와 같으니
네 이웃을 네 자신같이 사랑하라 하셨으니 마 22:37-39

감사는 평정의 마음과 함께 가느니라

네 마음속에 감사가 충만한 것이 얼마나 중요한지
내가 늘 너에게 말해주었다고 너는 기억하고 있느냐?

항상 기뻐하고
쉬지 말고 기도하고
범사에 감사하고

이것이 너를 향한 여호와 하나님의 뜻이라고
내가 너에게 분명히 알려주지 않았느냐?

그렇다면 오늘 너는 어떻게 살면
내 뜻대로 산다고 하겠느냐?

감사할 것이 너무나 많이 있다는 것을
네가 오늘 감사를 찾다 보면 깨닫게 될 것이니라.

네게 감사가 익숙하게 되면
짜증스럽고 답답하고 화가 나고 억울하고
너의 그러한 마음들이 조절되어
그 모든 말과 생각이 평정을 찾게 된다는 것을
너는 깨닫게 될 것이니라.

감사와 평정의 마음이 함께 간다는 것을 기억할지니라!

평정하기 원하느냐?
평강하기 원하느냐?
감사할지니라.

네 상상과 기도를 뛰어넘는 놀라운 일들이
네게 일어날 것이니라.

**항상 기뻐하라 쉬지 말고 기도하라 범사에 감사하라
이것이 그리스도 예수 안에서 너희를 향하신 하나님의 뜻이니라**
살전 5:16-18

어떤 일을 만나도 감사로 따라주렴

오늘 너는 어떤 계획이 있느냐?
어디로 가고 누구를 만날 것이냐?
무엇을 행하고 무엇을 멈출 것이냐?

네게 많은 계획이 있겠지만
내가 말씀을 통해 미리 말해준 것처럼
사람이 마음으로 자기의 길을 계획할지라도
그 발걸음을 인도하시는 이는 여호와 하나님이시라.

사람이 마음으로 자기의 길을 계획할지라도
그의 걸음을 인도하시는 이는 여호와시니라 잠 16:9

나의 주권을 인정할지니라.
너의 계획이 무산되더라도 낙담하지 말고,
나에게 원망하지 말고 불평하지 말고,
나의 주권을 먼저 인정할지니라.

'아, 하나님께서 다른 계획이 있으신가 보다.'
'아, 하나님께서 다른 시간에 계획하심이 있는가 보다.'
그렇게 생각해줄 수 있겠니?

나는 매사에 감사하라고 말했으니
어떤 일을 만나더라도
먼저 감사하는 습관을 키우도록 할지니라.

결국 네가 감사하는 그 순간이
영적 전쟁에서 승리하는 순간이라는 것을
알게 될 것이니라.
모든 것은 감사로 귀결되면 되는 것이라.

범사에 감사하는 네가 되기를 축복하노라.

평강이 없다면 마음 다해 나를 찾으라

너는 평안하뇨?
네가 평안하지 않다면 왜 평안하지 않은지
그 이유를 너 자신에게 물어보는 것이 어떻겠니?

나 여호와 하나님이 분명히
네게 평안을 줄 것이라 말했고
그 평안은 사람이 주는 것이 아니라고도 말했고
여호와 하나님이 주시는 것이라고도 말했음이라.

그런데 그러한 평안이 네 마음에 없다면
'내 마음을 주장하는 이가 하나님이 아니구나'라는
생각을 해보는 것이 어떻겠느냐?

하나님은 평강의 주인이시라.
평강의 주인이신 하나님께서 네게 주시는 것이
평강이 아니라고 한다면
너는 무엇을, 누구로부터, 왜 받고 있는 것이냐?

깨어서 기도하라.
누가 너에게서 평강을 빼앗아 가는지 분별하라.
평강을 지킬지니라.
평강을 지킬지니라.

네가 나를 부른다면
네가 나를 마음 다하여 찾는다면
그 평강을 지킬 수 있도록
평강의 주인 되신 하나님께서 너를 도와주실 것이니라.

평강이 너에게 임할 것이니라.
그 평강은 네게 커다란 영적 무기가 될 것이니라.

주께서 심지가 견고한 자를 평강하고 평강하도록 지키시리니
이는 그가 주를 신뢰함이니이다 사 26:3

평강을 따라 행하라

오늘도 너는 나의 인도함을 받고 있단다.

너는 내가 너를 인도하고 있다는 것을 모를 때가 있더구나.
하지만 네가 그것을 알든지 모르든지
때로 네게 혼동함이 있든지 없든지
그 모든 것을 다 떠나서
나는 너를 인도하는 여호와 하나님이시라.

네가 잘못된 곳으로 가지 않도록
내가 너를 그렇게 인도해주고 있다는 것이니

사랑하는 내 딸아
사랑하는 내 아들아

너의 마음속에 평강이 있느냐?
그대로 행할지니라.
평강이 하나님의 음성인 것이라.

여호와 하나님의 음성을 육성으로 듣고 싶겠으나
꼭 그렇게 생각하지 말고

육성이 아니더라도
하나님의 성품이 네 안에 있다고 한다면
하나님의 선물이 네 안에 있다고 한다면
하나님의 인도하심이요
하나님께서 너를 기뻐하신다는 증거인 것이라.

평강이 있느냐?
그대로 행할지니라.
주께서 끝까지 도와주실 것이니라.

그리스도의 평강이 너희 마음을 주장하게 하라
너희는 평강을 위하여 한 몸으로 부르심을 받았나니
너희는 또한 감사하는 자가 되라 골 3:15

어떤 환경에서든 기쁨을 선택하라

너는 행복하냐?

내가 범사에 감사하고 항상 기뻐하라고 했지만
항상 행복하라고 말한 적이 없다는 것을 너는 알고 있느냐?

행복하다는 것은 너의 환경에 의존되는 것이겠지만,
기뻐하고 감사하는 것은
너의 선택이라는 것을 너는 알아야 할 것이니라.

나는 너에게 자유 의지를 주었느니라.
너는 선택할 수 있음이라.

행복하지 않아도 너는 감사할 수 있고,
행복하지 않아도 너는 내 안에서 기뻐할 수 있음이라.

감옥 안에 있었던 바울이 행복했겠느냐?
그러나 그는 기뻐할 수 있었음이라.

너도 마찬가지라.
너의 환경이나 주위 사람들을 보며 비교하지 말고
자기비하나 자기연민에 빠지지 말고 기뻐하라.

내가 너를 구원하였음이라.
기뻐하라.
너는 나와 함께 영원히 천국에 있을 사람이라.
기뻐하라.

감사로 제사를 드리는 자가 나를 영화롭게 하나니
그의 행위를 옳게 하는 자에게 내가 하나님의 구원을 보이리라

시 50:23

새 힘을 공급받는 비결은 기쁨에 있단다

나의 일을 할 때 기쁨을 가지라고 말하는
이유가 있다는 것을 너는 알고 있느냐?
내 일을 행할 때 기쁨으로 해야
네게 새 힘이 생기기 때문이라.

네가 아무리 나의 일을 많이 하고 열심히 할지라도
남들에게 '와! 어떻게 저런 일을 다 감당하지?'
그런 부러움을 사거나
존경심을 얻을 만큼 열심히 일할지라도

네 마음에 참된 기쁨이 없다면
너는 새 힘을 공급받을 수 없기 때문이라.

여호와로부터 새 힘을 공급받는 비결은 기쁨에 있단다.

사랑하는 나의 아들, 사랑하는 나의 딸
너는 기쁘게 내 일을 행하고 있는가 돌아볼지어다.

기쁨으로 내 일을 행하고 있다면
네게 새 힘이 공급된다는
약속의 말씀이 있다는 것을 기억할지니라.

그의 영광의 힘을 따라 모든 능력으로 능하게 하시며
기쁨으로 모든 견딤과 오래 참음에 이르게 하시고 골 1:11

순종의 때를 놓치지 말라

모든 것엔 때가 있나니 순종에도 때가 있다는 것을 아느냐?
내가 네게 순종하라고 하는 그때 하는 것이 참된 순종이라.

내가 순종하라고 말했는데 그날이 지나고 또 지나고
한참이 지나고 난 다음에 하고서 "순종했습니다" 한다면
그것이 내가 기뻐하는 순종이겠으며
그 상황에 맞는 순종이겠느냐?

순종은 때도 중요하다는 것을 알아야 할 것이니라.
언제 내가 그 말을 순종하라고 했는지
그때를 놓치지 말라는 것이다.
하라는 때에 하라는 일을 하는 것이 참된 순종이요,
그 참된 순종이 여호와를 기쁘게 하는 것이라.

사무엘이 이르되 여호와께서 번제와 다른 제사를
그의 목소리를 청종하는 것을 좋아하심같이 좋아하시겠나이까
순종이 제사보다 낫고 듣는 것이 숫양의 기름보다 나으니 삼상 15:22

재물과 건강보다 평강을 지킬지니라

너는 돈을 잃어버린 경험이 있느냐?
누군가가 너를 속이고 돈을 가져간 적이 있느냐?
그때 너의 마음이 어떠했느냐?

그 일로 아직도 마음이 불편하고
안타깝고 억울하고 화가 나 있느냐?
이미 잃어버린 돈이라고 아예 포기해버렸느냐?

네 것은 아무것도 없다는 것을 말해주고 싶구나.
모든 것은 나의 것이다.
그렇다면 네가 잃어버린 돈도
네 것이 아니라 나의 것이라.
그 사람이 너를 속였다면
너를 속인 것이 아니라 나를 속인 것이라.

그렇다면 나의 것을 다시 돌려받는 능력이
내게 있겠느냐, 없겠느냐?

내게는 그러한 능력이 분명히 있음이라.
그 돈을 돌려받지 않는다 하더라도
이 세상의 모든 금과 은이 여호와 하나님의 것이라.

그러니 내가 너에게 원하는 것은 평강한 마음이니라.
어떤 일을 만나더라도 그 환경 때문에
네 마음의 평강을 잃지 말라.

평강은 내가 주는 것이라.
네가 돈과 건강을 잃어서 평강을 잃는다면
잃어버린 돈보다 더 많은 것을 잃은 것이고,
건강도 마찬가지인 것이라.

그리하니 잃어버린 재정에 마음을 빼앗기지 말라.
모든 것은 하나님으로부터 왔으니
하나님께서 모든 것을 다 책임지시고
하나님의 것을 다시 돌려받으시리라.

그러한 마음으로 너의 평강을 잘 지키도록 할지니라.

이 평강은 여호와 하나님이 주시는 것이라.
사람과 세상이 아니라 하나님이 주실 수 있는
평강 지키기를 힘쓸지니라.

절대로 맘몬 신인 재물이 네 우상이 되지 않고
평강을 빼앗기지 않도록 네 마음을 지킬지니라.

그들이 약탈하였던 것 곧 무리의 자녀들이나
빼앗겼던 것은 크고 작은 것을 막론하고
아무것도 잃은 것이 없이
모두 다윗이 도로 찾아왔고 삼상 30:19

긍휼의 하나님 아버지를 아는 믿음

오늘 네 마음을 답답하게 하는 것이 무엇이냐?
오늘 네 마음을 초조하게 하는 것이 무엇이냐?

오늘 네 마음에
'나는 왜 이렇게 믿음이 없을까'라는 질문은
어디서, 왜 생겨났을까?
너는 왜 네가 믿음이 없다고 생각하게 되었느냐?

사랑하는 나의 아들
사랑하는 나의 딸

너는 나를 알고 있느냐?
너를 긍휼히 여기는 여호와 하나님 아버지를 알고 있느냐?
그것을 알고 있다면
너는 믿음 없는 자가 아니고 믿음 있는 자로다.

여호와 하나님이 어떠한 분인지 아는 것이니
바로 그것이 믿음이 아니겠느냐.

내가 오늘 너에게 새 힘을 줄 것이니라.
새 소망을 줄 것이니라.
새 사랑을 줄 것이니라.
새 감사를 줄 것이니라.

나를 바라볼지니라.
나를 바라볼지니라.
나를 기대할지니라.

나의 힘이시여 내가 주께 찬송하오리니
하나님은 나의 요새이시며
나를 긍휼히 여기시는 하나님이심이니이다 시 59:17

내게 나아와 마음을 털어놓으렴

오늘 네 마음은 어떠하냐?
평강이 있느냐?
기쁨이 있느냐?

평강이 없다고 한다면
기쁨이 없다고 한다면
그 이유는 무엇이라고 생각하느냐?

사랑하는 나의 자녀들아
내게로 나아와서 네 마음을 토로하는 것을
어렵게 생각하지 말지니라.

나는 너를 창조한 하나님이요
너를 알고 있는 여호와 하나님이라.
네 마음속에 있는 모든 생각을 내가 왜 모르겠느냐.

그러나 나는
네가 그 말들을 나에게 토로할 수 있기를,
토로할 수 있는 여호와 하나님으로
네가 알고 있으면 좋겠구나.

나는 너를 사랑하는 하나님이요,
너를 듣는 하나님이요,
너에게 필요한 조언을 해줄 수 있는 하나님이라.

오늘도 네 마음에 평강이 있어야 함이라.
이 평강은 사람이 주는 평강이 아니고
여호와 하나님만이 주실 수 있는 평강이라.
너는 그 평강을 누릴 자격이 있음이라.

평안을 너희에게 끼치노니 곧 나의 평안을 너희에게 주노라
내가 너희에게 주는 것은 세상이 주는 것과 같지 아니하니라
너희는 마음에 근심하지도 말고 두려워하지도 말라 요 14:27

일어나 빛을 발할지니라

힘을 낼지니라.
힘을 낼지니라.
힘을 낼지니라.

기도하기도 너무 힘이 들어서
기도도 못 하는 그러한 네가 되었느냐?

이럴 때 내가 너를 더 많이 도와줄 것이니라.
네가 기도할 힘도 없으니
그 힘도 내가 줄 것이니라.

걱정하지 말라.
무엇보다도 두려워하지 말라.
무엇보다도 불안해하지 말라.

여호와 하나님이 너를 알고 계시고
너를 인도하고 계시니라.

네 삶에서는
모든 것이 협력해서 선을 이루게 될 터인데
왜 지금 이 시간이 너무 힘들고 고통스럽다고
실망하고 낙담하느냐?
그리하지 말라.

일어날지니라.
일어나서 빛을 발할지니라.

나는 오늘도 너희와 함께하며
어제나 오늘이나 내일도 동일한 여호와 하나님이니
오늘도 너와 동행하여줄 것이니라.

나를 믿을지니라.
세상을 믿지 말고 너의 이웃도 믿지 말고
여호와 하나님 나를 믿을지니라.
네 삶 가운데 기적 같은 일들이 일어날 수 있음이라.

**일어나라 빛을 발하라 이는 네 빛이 이르렀고
여호와의 영광이 네 위에 임하였음이니라** 사 60:1

낙담을 소망으로 바꿀지니라

낙담하지 말지니라.
낙담하지 말지니라.
낙담하지 말지니라.

여호와 하나님!
네가 사랑하고 네가 경외하고 네가 섬기는
너의 여호와 하나님은 소망의 하나님이라.

소망의 하나님!

사랑하는 딸아
사랑하는 아들아
낙담하지 말고 소망을 여호와 하나님께 둘지니라.

하나님께 소망을 두는 그 시간 시간이
너에게 상이 된다는 것을 생각해보았느냐?

소망을 두는 그 시간이
바로 하나님 앞에 상을 쌓고 있는 시간이니
낙담할 일이 없으면 소망이 생기겠느냐.
그러니 낙담할 일에 낙담할 것이 아니라
낙담을 소망으로 바꿀지니라.

내 영혼아 네가 어찌하여 낙심하며
어찌하여 내 속에서 불안해하는가
너는 하나님께 소망을 두라
그가 나타나 도우심으로 말미암아
내 하나님을 여전히 찬송하리로다

너의 수고가 헛되지 않음이라

억울한 일을 당하였느냐?
그것도 내 일을 하다가 그런 일을 당하였느냐?

걱정하지 말라.
내가 알고 있음이라.
여호와 하나님이 보고 들으셨으니 너는 염려하지 말라.

너는 내가 심판관이라는 것을 기억할지니라.
내가 재판관이라는 것이라.
내가 심판하고 내가 재판하고
내가 용서하고 내가 관용하고 내가 벌 내리고

여호와 하나님의 주권을 너는 인정할지니라.
너의 정당성을 주장하는 것보다
여호와 하나님의 주권을 인정할 것이니라.
그것이 하나님을 기쁘시게 하는 태도인 것이라.

하나님의 주권인 것이라.
하나님이 주권을 가지고
시간을 다스리고 환경을 다스리시느니라.

하나님이시라.
네가 아니라 하나님이시니라.

주께서 너를 아시느니라.
칭찬받을 자는 다 칭찬받을 것이고
벌을 받을 자는 다 벌을 받게 되어 있음이라.

그러니 너는 염려하지 말라.
너의 수고가 헛된 것이 아무것도 없음이라.

열심히 나의 일을 할지니라.
내가 너를 도와줄 것이니라.
억울한 마음은 내가 다스려주고
내가 너를 위로하여줄 것이니라.

그가 가난한 백성의 억울함을 풀어주며
궁핍한 자의 자손을 구원하며 압박하는 자를 꺾으리로다 시 72:4

내가 내민 손을 잡을지니라

나는 오늘 너와 함께하는 여호와 하나님이니라.

좌절된 것이 있느냐?
실패감에 젖어 포기하고 싶어 하느냐?

왜 그런 마음에서 헤어날 생각을 하지 못하고
그 안에 계속 있으려고만 하느냐? 그리하지 말라.

내 손을 잡을지니라.
내 손을 잡을지니라.
내가 먼저 손을 내밀고 있음이라.

네가 손 내밀지 않는다 해도
내가 손을 내밀고 있으니 내 손을 잡을지니라.
그리고 일어날지니라.

내가 너를 끝까지 도와준다고 했는데
너는 무엇이 그렇게도 걱정이고
무엇이 그리도 불안하냐?

내 손을 잡을지니라.
내가 손을 먼저 내민 것이라.
내 손을 잡을지니라.

너는 일어날 수 있음이라.
일어날 수 있음이라.
내가 도와줄 것이기에 너는 꼭 일어날 수 있음이라.

그 아이의 손을 잡고 이르시되 달리다굼 하시니
번역하면 곧 내가 네게 말하노니 소녀야 일어나라 하심이라

막 5:41

나를 위한 수치를 내가 갚아주리라

너는 수치스러운 것이 있느냐?
너는 요즘 부끄러운 것이 있느냐?

죄를 지어서 수치스럽고 부끄러운 게 아니라
네가 자책할 것이 없음에도 불구하고
네게 일어난 많은 일 가운데
너로 하여금 수치심을 느끼게 하고
부끄러움을 갖게 하는 일이 있느냐?

생각하여 볼지니라.
이것이 누구를 위한 것인지
무엇 때문이고 무엇으로 말미암은 것인지.

나를 위한 것이라면 절대로 슬퍼하지 말라.
억울해하지 말라.
내가 갚아주리라.
내가 갚아주리라.

나를 위한 부끄러움
나를 위한 수치
나를 위한 억울함을 내가 갚아주지 아니하겠느냐?
걱정하지 말라.

그러한 것들을 기쁨과 감사로 당해준다면
나는 더 기쁘겠구나.

이는 하나님의 공의로운 심판의 표요 너희로 하여금
하나님의 나라에 합당한 자로 여김을 받게 하려 함이니
그 나라를 위하여 너희가 또한 고난을 받느니라 살후 1:5

너의 큰 힘은 나를 기뻐하는 것이니라

네가 어떤 일을 만나도 먼저 내게 달려오니
나는 그것이 너무 자랑스럽구나.

다른 이방신에게 가지 아니하고
네가 아는 힘 있고 능력 있는 사람이 아니라
나에게 먼저 달려오고
내 말에 귀를 기울이고 싶어 하고
잘 들었다 싶으면 순종하려 하는 네가
나는 참으로 자랑스럽단다.

오늘도 너의 큰 힘은 나를 기뻐하는 것이어야 할 것이라.

여호와를 기뻐하는 것이 너의 힘이니
네가 나를 기뻐하면 네 안에 여호와의 힘이 함께할 것이니라.

… 여호와로 인하여 기뻐하는 것이 너희의 힘이니라 하고
느 8:10

네가 나를 자랑할 때 나도 기뻐한단다

너는 매일같이 여호와 하나님에 대해서 무엇을 배우고 있느냐?
내가 내 백성에게 인애 베풀기를 기뻐한다는 것과
사람들을 공평하게 대하기를 기뻐하는 하나님인 것을
네 삶에서 보고 경험한 적이 있느냐?

이러한 하나님을 깨달아 알았다면
너는 이러한 나의 성품을 깨달은 것이 기뻐야 하고
이 기쁨은 네가 다른 사람들과 나눌 대화 주제가 될 것이라.

너는 어떤 이야기를 하면 가장 즐거워지느냐?
무슨 이야기가 네 마음에 기쁨을 가져다주느냐?
네가 나를 자랑할 때 기뻤으면 좋겠구나.
너의 대화 주제에 항상 여호와 하나님이 있고,
네가 경험한 하나님의 선하심과 공의로우심, 인애하심,
이러한 깨달음들을 나누면 나는 정말로 기쁘겠구나.

자랑하는 자는 주 안에서 자랑할지니라 고후 10:17

내 앞에서 살아갈지니라

오늘 나의 사랑하는 자녀들은 무슨 생각을 할까?

나는 너의 생각에 너무나 관심이 많은
너를 창조한 여호와 하나님이라는 것을 늘 기억할지니라.

너의 들어가고 나가고 앉고 일어서고
이러한 모든 미미한 동작들에 내가 얼마나 관심이 많은지.

그 말인즉 나는 너에게 있어
성취되는 것들, 무엇인가 성공하는 것들,
무엇인가 많이 가진 것과 누리는 것들
그런 것보다는

너의 작은 동작 하나,
앉고 일어서고 들어가고 나가고
이러한 모든 것에 관심을 두고 있는
여호와 하나님이라는 것을 기억할지니라.
네가 하는 조그마한 생각 하나도
나는 주의 깊게 보고 있고 듣고 있느니라.

사랑하는 나의 딸
사랑하는 나의 아들

코람데오!
내 앞에서 살아갈지니라.
내 앞에서 걸을지니라.
내 앞에서 행할지니라.
나는 너를 사랑하면서 지켜보는 여호와 하나님이라.

주께서 내가 앉고 일어섬을 아시고
멀리서도 나의 생각을 밝히 아시오며 시 139:2

나의 뜻을 알았다면 곧바로 순종하라

사랑하는 나의 종아,
내가 너에게 무엇을 하라고 한 적이 있을 것이다.

너는 그 일이 하나님의 일인가 아닌가를
알아보기 위해 기도했고,
기도하는 가운데
'하나님께서 이 일을 나에게 하라고 하시는구나'라고
확신하게 되었느니라.

네가 기도 가운데
하나님의 뜻을 분별하게 되었으니
이제 그 일을 해야 하는데,
왜 그것을 하지 않고 계속 기도만 하고 있느냐?

네가 기도했기 때문에 여호와 하나님이 답을 주셨고,
너는 그것이 하나님이 분부하신 일인 것을 알았는데도
왜 계속해서 기도만 하고 있느냐?

누가 너보고 기도를 하라고 했느냐?
순종을 하라고 했지!

사랑하는 나의 종아, 순종할지어다!
여호와 하나님께 들은 말씀에 확신이 섰다면
기도를 더 열심히 할 것이 아니라
곧바로 순종해야 함이라.
그것이 믿음인 것이라!

나는 너의 믿음을 보기 원하노라.
나는 너에게 명령하였음이라!
너는 지금 행할지니라!

**여호와께서 여호수아에게 이르시되
일어나라 어찌하여 이렇게 엎드렸느냐** 수 7:10

걱정을 내려놓고 기도할지니라

나는 너의 필요를 알고 있는 여호와 하나님이라.

나는 하늘에 계신 너의 아버지 하나님이라고
네게 말하지 아니하였더냐?

자식이 굶고 있는데
어느 부모가 그 배고픔을 못 본 척하겠느냐?
내가 너를 보고 있고 듣고 있으니 걱정하지 말라.
내가 채워주리라.

내가 이미 말해주었듯이
금도 내 것이요 은도 내 것이며
이 세상에 충만한 모든 것이 다 나의 것이로다.
내가 너의 필요를 채워줄 것이니라.

나의 영광을 위하여 너의 필요를 채워줄 것이니
걱정하지 말고 기쁨과 감사로 기도할지니라.

걱정을 내려놓고 기도할지니라.
기도할지니라.
주께서 너의 기도를 들어 응답하시겠음이라.

주를 두려워하는 자를 위하여 쌓아두신 은혜
곧 주께 피하는 자를 위하여 인생 앞에 베푸신 은혜가
어찌 그리 큰지요 시 31:19

네게 기적을 베풀 하나님을 믿을지니라

너희는 오늘도 나의 긍휼을 입고 살아간단다.

나의 자비
나의 긍휼
너를 불쌍히 여김
너를 용서함

너무나 좋은 하나님을
너는 하늘의 아버지 하나님이라고 부르면서
오늘도 하루를 살아갈 것이니라.

이러한 하나님이
너를 도와주시고 지키시고
보호하고 인도해주실 것인데
오늘 무엇이 그렇게도 네 마음을 무겁게 하느냐?

네게 기적이 무엇이라고 생각하느냐?
네가 너무나 힘든 환경에서 일어나리라 하는
믿음을 갖는 것은 기적이 아닐까?
너는 무엇이 기적이라고 생각하느냐?

오늘 너에게 기적을 베풀 수 있는
하나님을 믿을지니라.
믿을지니라.

너에게 기적을 일으켜줄 수 있는 하나님이
바로 네가 섬기고 네가 사랑하는,
하늘에 계신 네 아버지시니라.

내가 산을 향하여 눈을 들리라 나의 도움이 어디서 올까
나의 도움은 천지를 지으신 여호와에게서로다 시 121:1,2

네게 필요한 것은 믿음이란다

나는 너를 지키고 보호하는 여호와 하나님이라.
나는 너에게 피난처가 되며
견고한 요새가 된다고 말해주었음이라.

너는 나의 말을 믿느냐?
그러하다면 오늘 너는 견고해야 할 것이고,
불안함이 없어야 할 것이니라.
왜냐하면 네가 나의 말을 믿기 때문이라.

내가 너에게 무어라고 말하느냐?
내가 원수들을 다 멸망시켜주겠다고 하지 않느냐.
나의 말을 믿을지니라.

네게 필요한 것은 믿음이라.
너의 능력이 아니라 나를 믿는 믿음이라.
나의 말을 믿을지니라.

나는 오늘도 살아 역사하는
임마누엘의 하나님이시라.
너와 함께 있으며 네 기도를 듣고 있음이라.
내가 너를 인도할 것이니라.

사랑하는 나의 아들
사랑하는 나의 딸

내가 이 세상을 이겼으니
오늘도 강하고 담대할지니라.

이것을 너희에게 이르는 것은 너희로 내 안에서
평안을 누리게 하려 함이라
세상에서는 너희가 환난을 당하나
담대하라 내가 세상을 이기었노라 요 16:33

능력의 하나님이 너와 함께한단다

여호와 하나님의 말씀이
오늘 너에게 힘이 되었느냐?
오늘 너에게 격려가 되었느냐?

위로가 되었느냐?
새 소망이 되었느냐?
새 찬송이 되었느냐?

되었다고 한다면
바로 그것이 하나님 말씀의 능력인 것이라.
너는 이미 그러한 능력을 갖고 있다는 것을 잊지 말지니라.

전지전능!
모든 것을 알고 계시고
모든 것을 능하게 행할 수 있는 여호와 하나님이
네 안에 계신다는 것을 어떻게 생각하느냐?

너는 오늘 어떻게 살아야 하겠느냐?
힘이 있어야 하겠지?

능력 있는 하나님이 너와 함께하시니
네 안에 여호와 하나님이 함께하시니 기억할지니라.

네 안에 여호와 하나님의 영이
함께 거하시는 것을 알지 못하느냐?
여호와 하나님의 영이 네 안에 계시니라.

그러하다면 하나님께서
오늘 너에게 필요한 지혜와 능력을 주실 것이니

그렇게 살아갈 너!
하나님 앞에 감사로 제사를 올려드림이
마땅하다고 생각지 아니하느냐?

너희는 너희가 하나님의 성전인 것과
하나님의 성령이 너희 안에 계시는 것을 알지 못하느냐 고전 3:16

나는 너의 아버지란다

너는 왜 내가 너희로 하여금
"하늘에 계신 아버지 하나님"이라고
부르게 했다고 생각하느냐?

네가 여호와 하나님의 사랑을
언제 가장 가깝게 접목할 수 있겠느냐?

부모의 사랑
하나님의 사랑을 생각해볼 때
이 땅에서 부모의 사랑보다
너를 향하신 하나님 아버지의 마음을
가깝게 느낄 수 있는 다른 사랑이 있겠느냐?

사랑하는 나의 딸
사랑하는 나의 아들

부모가 너를 진심으로 사랑하고
너를 위해 모든 것을 희생하고 싶어 하고
너를 끝까지 책임지고 싶어 한다면

하늘에 계신 여호와 하나님은
얼마나 더 많이 너를 생각하고
더 사랑하고 더 책임져주고 싶고
더 보호해주고 싶고 더 공급해주고 싶어 하시겠느냐.

오늘도 네 마음에 위로가 있어야겠고
하나님이 너를 사랑하신다는 그 확신으로
네가 만난 그 어떤 어려운 환경도
뛰어넘을 수 있다는 자신감이
너에게 있어야만 함이라.

너희가 악한 자라도 좋은 것으로 자식에게 줄 줄 알거든
하물며 하늘에 계신 너희 아버지께서
구하는 자에게 좋은 것으로 주시지 않겠느냐 마 7:11

너의 평생을 책임져줄 여호와 하나님이라

너는 나이가 몇 살이냐?
너는 어린아이냐? 사춘기냐?
아니면 중년이냐? 노년이냐?

네가 기억해야 할 것은
나는 너의 처음과 마지막의 하나님이라는 것이다.

너를 태어나게 하신 이도
이 땅에서 마지막 숨을 거두는 그 시간까지
너와 함께하실 이도 여호와 하나님이시라.

너는 나를 믿기 때문에 마음이 든든하냐?
든든했으면 좋겠구나.

여호와 하나님을 믿고 있는데
너는 왜 그렇게 의기소침하고 자신감도 없고
좌절하기를 원하고 낙담하기를 원하느냐?

너는 도대체 누구를 믿고 있는 것이냐?
나를 믿는 것이냐, 너 자신을 믿는 것이냐?
너의 부모를 믿고 있느냐?
너의 이웃을 믿고 있느냐?

나는 네가 나를 믿었으면 좋겠구나.
나는 너의 평생을 책임져줄 여호와 하나님이니라.

너희가 노년에 이르기까지 내가 그리하겠고
백발이 되기까지 내가 너희를 품을 것이라
내가 지었은즉 내가 업을 것이요 내가 품고 구하여 내리라

사 46:4

내가 너의 상이 되어주겠노라

나는 너의 마음을 알고 있음이라.
너는 나를 위해 뛰고 있음이라.
세상 사람들의 인정과 칭찬이 아니라 나를 위함이라.

네가 나를 사랑함이라.
내가 그것을 알고 있음이라.
그것이 너에게 큰 위로가 된다는 것도 내가 알고 있음이라.

걱정하지 말라.
너와 내가 함께 동역하고 있는 것이라.
네가 하는 모든 것을 내가 지금 기뻐하고 기뻐하니
네가 그 상을 잃을 리가 있겠느냐?

네가 그 상을 꼭 받게 될 것이니라.
나는 네가 그 상을 위해서 뛰는 게 아니라는 것도
알고 있음이라.

네가 나를 위해 뛰고 있으며,
나를 위해 살고 있으며,
나를 위해 수고하고 있으며,
나를 위해 희생하고 있으며,
나를 위해 사랑하고 있음을 내가 알고 있나니
그것이 너에게 가장 큰 위로와 격려가 될 것이니라.

그러므로 내 사랑하는 형제들아 견실하며 흔들리지 말고
항상 주의 일에 더욱 힘쓰는 자들이 되라
이는 너희 수고가 주 안에서 헛되지 않은 줄 앎이라 고전 15:58

네 선행을 내가 헤아리고 있음이라

너는 복음을 전하면서 몇 번이나 거절을 받았느냐?
거절당할 때마다 낙심이 되느냐?

'나는 전도를 열심히 하는데 왜 열매가 없을까?'
그런 생각을 하게 될 때가 있느냐?
그런 생각을 하지 말지니라.

나는 네가 복음을 전하는 말을 듣고
몇 사람이 내게 달려오는가
그 숫자를 세는 하나님이 아니고,

네가 얼마큼 많은 사람에게
내 이야기를 하고 거절당하는지,
그 거절당하는 숫자를 내가 세고 있다는 것을
생각해본 적이 있느냐?

네가 하는 가장 선한 일은
여호와 하나님과 여호와 하나님의 사랑을
사람들에게 증거하고 알려주는 것이니,
그들이 너를 거절한다고 해도 절대로 낙심하지 말지니라.

네가 거절 받을 때마다
여호와 하나님이 네 선행을 세어주신다는 것을 기억한다면
네게 커다란 위로가 될 것이니라.

오늘도 때를 만나든지 만나지 못하든지,
여호와 하나님이 얼마나
그분의 백성들을 사랑하고 찾으시는지
네가 전해주면 참으로 좋겠구나.

너는 말씀을 전파하라 때를 얻든지 못 얻든지 항상 힘쓰라
범사에 오래 참음과 가르침으로 경책하며 경계하며 권하라

딤후 4:2

때를 만나든지 못 만나든지 전도하라

지금도 많은 사람이
누군가가 다가와서 여호와 하나님에 대하여
예수 그리스도에 대하여 말해주기를
기다리고 있다고 생각해본 적이 있느냐?

왜 전도하기도 전에
네 마음에 두려움과 망설임이 있느냐?

전도는 네가 하는 것이 아니고,
나의 영이 너와 함께함으로 가능한 것이니
네게 나를 의지하는 마음이 먼저 필요함이라.

한 사람 한 사람을 사랑하는 마음도 필요하지만
그 한 사람에게 여호와 하나님이 어떻게 말씀하시고
그 마음을 어떻게 움직여주시는지
여호와의 영을 의지하는 마음이 더 필요하다는 것이다.

전도는 너의 일이 아니라 나의 일이기 때문이라.
잃어버린 영혼을 사랑하는 마음이 나보다 더 큰 이가 있겠느냐.

그러니 전도할 때 아무 걱정하지 말라.
다만 나의 영이 그 사람의 마음을 움직이게 해달라고
기도할지니라.
그리고 전도를 할지니라.
때를 만나든지 못 만나든지 꼭 전도할지니라.
여호와의 말이니라.

아름다운 소식을 시온에 전하는 자여 너는 높은 산에 오르라
아름다운 소식을 예루살렘에 전하는 자여 너는 힘써 소리를 높이라
두려워하지 말고 소리를 높여 유다의 성읍들에게 이르기를
너희의 하나님을 보라 하라 사 40:9

너를 복음의 통로로 선택하였음이라

언젠가 네게 너무나 소중한 것을
잃어버린 경험이 있지 않니?
그 잃어버린 것을 찾기 위해서 네가 얼마나 노력했는지
너는 기억할 수 있지 않니?

너무나 소중하기 때문에,
너무나 소중한 그 누군가가 네게 준 선물이었기 때문에,
잃어버렸을 때의 그 마음, 황망한 마음.

어찌하든지 찾고자 너는 무엇을 하였느냐?
살펴본 곳을 또 살펴보고
뒤져본 곳을 또 뒤져보고
누군가에게 물어본 질문을 또 물어보지 않았니?

그만큼 그 잃어버린 것을 찾고자 하는
강한 마음이 네게 있었다는 것이지.

여호와 하나님의 마음에
가장 강하고 간절한 바람이 무엇이라고 생각하니?
잃어버린 영혼들이 나에게 돌아오는 것이다.

그러니 오늘 너는 내 마음을 가지고 돌아보면 좋겠구나.
또한 네 주위의 사람들을 생각하고
그들을 위하여 기도하면 좋겠구나.

아직 시간이 있을 때 그 누군가가 내게로 돌아올 수 있도록
나는 너를 '복음의 통로'로 선택하였음이라.
네가 '아름다운 복음의 통로'가 되어주면 참으로 좋겠구나.

너희 중에 어떤 사람이 양 백 마리가 있는데
그중의 하나를 잃으면 아흔아홉 마리를 들에 두고
그 잃은 것을 찾아내기까지 찾아다니지 아니하겠느냐 눅 15:4

인내하는 네가 되기를 축복하노라

모든 것엔 때가 있나니.

말할 때가 있으면
잠잠할 때가 있는 것이라.
분노할 때가 있으면
분노를 풀어야 할 때도 있는 것이라.

범사에 기한이 있고 천하 만사가 다 때가 있나니 전 3:1

오늘 너의 관계가 어떠한지 꼭 돌아보기를 원하노라.

지금까지 분노하였느냐?
오늘은 그 분노를 내려놓을 수 있으면 좋겠구나.

지금까지 너무 답답하게 여기는 그 누군가가 있느냐?
오늘은 인내할 수 있는 네가 되기를 축복하노라.

나의 때가 어제보다 하루 더 가까운 것이 사실이라.
그러면 너는 내게 어떻게 다가와야 할 것이냐?

분노하는 마음으로 내 품에 안기고 싶으냐?
모든 것을 용서하고 내려놓고 관용하고
나의 품에 안기기를 원하느냐?

모든 것은 너의 선택이라.
그래서 내가 자유 의지를 준 것이라.

무엇이 여호와 하나님만 기쁘게 하는가를 알고
자유 의지를 사용하여 그것을 선택하는 네가 될지니라.

형제들아 서로 원망하지 말라
그리하여야 심판을 면하리라
보라 심판주가 문밖에 서 계시니라
약 5:9

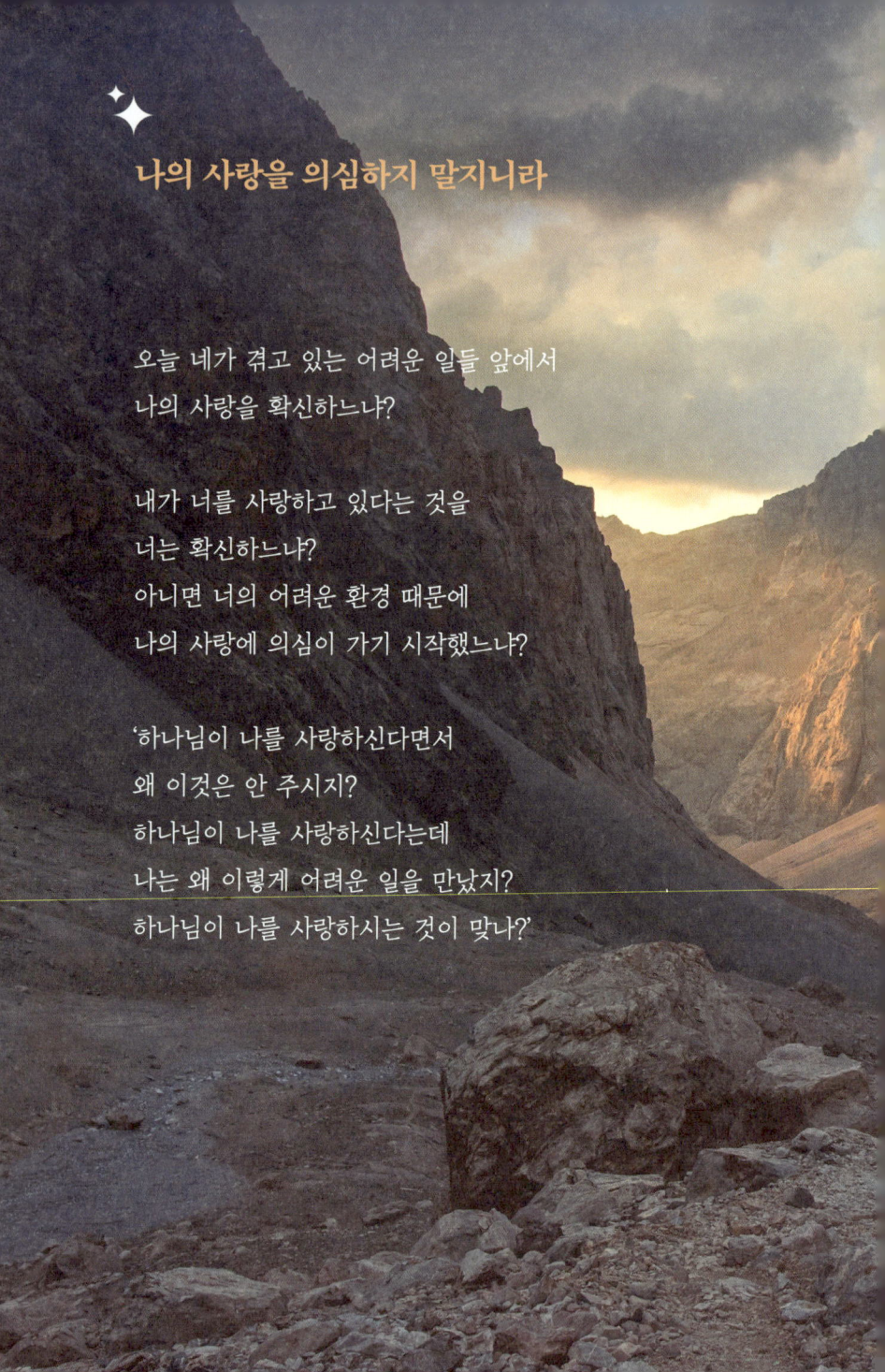

나의 사랑을 의심하지 말지니라

오늘 네가 겪고 있는 어려운 일들 앞에서
나의 사랑을 확신하느냐?

내가 너를 사랑하고 있다는 것을
너는 확신하느냐?
아니면 너의 어려운 환경 때문에
나의 사랑에 의심이 가기 시작했느냐?

'하나님이 나를 사랑하신다면서
왜 이것은 안 주시지?
하나님이 나를 사랑하신다는데
나는 왜 이렇게 어려운 일을 만났지?
하나님이 나를 사랑하시는 것이 맞나?'

이렇게 의심한다면 그 의심을 꼭 버려야 할 것이니라.
그것은 나에 대한 올바른 깨달음이 아니기 때문이라.

나는 너를 처음부터 끝까지 한결같이
어제나 오늘이나 내일이나 영원토록
동일하게 사랑하는 여호와 하나님이라.

너의 환경 때문에
너를 향한 나의 사랑을 의심하는 어리석음은
너에게서 없어져야 할지니라.

주께서 인생으로 고생하게 하시며
근심하게 하심은 본심이 아니시로다 애 3:33

내 이름이 능력이 되었음이라

오늘 우울하냐?
오늘 무기력하다고 생각하느냐?

너에게 자기연민이 넘쳐서
'나처럼 불쌍한 사람은 없다'라는 생각이 드느냐?

사람들이 너에 대해
남들이 부러워하는 모든 것이 다 있다고 여겨도
너 스스로는 너무나 초라하고 가난하다 생각하느냐?

이 모든 것이 어디에서 왔다고 생각하느냐?
정말로 네가 우울하기 때문이냐?
정말로 네가 무기력하기 때문이냐?

아니면 이것이 거짓의 아비 되는 마귀가 쏟아부은
거짓말이라는 것을 생각해본 적이 있느냐?

깨달을지니라.
네가 우울한 것이 아니라 우울하다고 여기게 하는
거짓의 영이 다가왔다는 것을 기억할지니라.

네가 무기력하고 초라한 것이 아니라
네가 그렇다고 여기게 하는 거짓의 영인 것이라.

물리칠지니라! 영적 전쟁인 것이라.
쫓아낼지니라! 떠나가라고 네가 명령할 것이니라.

너에게는 내 이름이 능력이 되었음이라.
내가 네 안에, 네가 내 안에 있으니
네 안에 있는 나의 이름으로 거짓의 영들을 지배할지니라.

물리칠지니라. 쫓아낼지니라.
네게 그러한 능력이 있다는 것을 네가 믿어야만 할지니라.

우울이 아니고 무기력이 아니고 거짓의 영들과의 싸움이라.
이 싸움에 네가 이길 수 있다는 것을 믿어야 할지니라.

··· 마귀를 대적하라 그리하면 너희를 피하리라 약 4:7

정직은 큰 영적 무기가 되느니라

내 앞에서 정직한 자가 될지니라.
내 앞에서 정직한 자가 될 수 있는 비결은
죄를 회개하는 것이겠지.

너의 죄를 회개하면 내가 용서하겠고
너는 그 모든 불의에서 깨끗함을 입게 되리라.
그러하다면 너는 내 앞에 정결한 신부처럼
그렇게 언제라도 나를 만날 준비가 되어 있겠지.

정직이 네게 큰 영적 무기가 된다는 것도
기억할지니라.

강하고 담대할지니라.
정결할지니라.

나의 방패는 마음이 정직한 자를 구원하시는 하나님께 있도다
시 7:10

내가 너를 도울 것이오 승리는 네 것이라

오늘 네가 임한 모든 영적 전쟁에서
승리할 것을 믿느냐?
믿어야 할 것이니라.

너의 능력 때문이 아니고
너의 지혜 때문도 아니라.
너의 경험 때문도 아니고
너의 재정 때문도 아니라.

여호와 하나님으로부터 말미암은 승리가
너에게 확정되어 있다는 것이다.

내가 전쟁에 능한 여호와 하나님인데
어떤 전쟁인들 패배하겠느냐?
절대로 그렇지 아니할 것이니라.

전쟁에 능하고
절대 패배하지 아니하는 여호와 하나님이
너의 바로 앞에서 너를 인도하시고,
네게 전략을 미리 가르치시고,
파쇄할 수 있도록 도와주시느니라.

전쟁터에서 어떠한 무기가 너를 향해 달려올지라도
네가 그것을 다 파쇄할 수 있도록
내가 너를 도와주겠다는 것이니

언제 어떠한 전쟁에 임할지라도
너는 두려워할 게 아무것도 없는
나의 사랑받는 군사라는 것이라.

그러니 걱정하지 말라.
어떠한 영적 전쟁이 올지 미리 두려워하지 말라.

그 전쟁이 어떠하든지 너의 바로 앞에
전쟁에 능하신 여호와
전쟁에 항상 이기시는 하나님이
너와 함께하신다는 믿음을 달라고 기도할지니라.

전쟁의 승리보다는
그 전쟁에 너와 함께하실 하나님을 믿는
믿음을 달라고 기도할지니라.
내가 너를 도와줄 것이요
승리는 너의 것이라.

너는 승리자라!
끝까지 너는 이겨낼 것이니라!
어떤 시험도 절대로
너를 넘어뜨리지 못할 것이니라!

전쟁에서 이기면
전리품들이 너를 따라온다는 것도
반드시 기억할지니라!

그 믿음이 너에게 힘과 격려가 될 것이니라!

영광의 왕이 누구시냐
강하고 능한 여호와시요
전쟁에 능한 여호와시로다 시 24:8

주님으로부터 2

초판 1쇄 발행	2025년 11월 24일
초판 3쇄 발행	2025년 12월 3일
지은이	임은미
펴낸이	여진구
책임편집	최현수 구주은
편집	이영주 진효지 안수경 김도연 김아진 배예담
책임디자인	마영애 노지현 ㅣ 조은혜 정은혜 남은진
마케팅	김상순 강성민
제작	조영석 허병용
마케팅지원	최영배 정나영
경영지원	김혜경 김경희 김영하

303비전성경암송학교 유니게 과정
이슬비전도학교 / 303비전성경암송학교 / 303비전꿈나무장학회

펴낸곳	규장
주소	06770 서울시 서초구 매헌로 16길 20(양재2동) 규장선교센터
전화	02)578-0003 팩스 02)578-7332
이메일	kyujang0691@gmail.com
페이스북	facebook.com/kyujangbook
카카오스토리	story.kakao.com/kyujangbook
홈페이지	www.kyujang.com
인스타그램	instagram.com/kyujang_com

등록번호 1922-2461
since 1978.08.14

ⓒ 저자와의 협약 아래 인지는 생략되었습니다.
이 출판물은 저작권법에 의해 보호를 받는 저작물이므로 무단 전재와 무단 복제를 할 수 없습니다.

책값   뒤표지에 있습니다.
ISBN 979-11-6504-669-9   03230

규 ㅣ 장 ㅣ 수 ㅣ 칙

1. 기도로 기획하고 기도로 제작한다.
2. 오직 그리스도의 성품을 사모하는 독자가 원하고 필요로 하는 책만을 출판한다.
3. 한 활자 한 문장에 온 정성을 쏟는다.
4. 성실과 정확을 생명으로 삼고 일한다.
5. 긍정적이며 적극적인 신앙과 신행일치에의 안내자의 사명을 다한다.
6. 충고와 조언을 항상 감사로 경청한다.
7. 지상목표는 문서선교에 있다.

하나님을 사랑하는 자 곧 그의 뜻대로 부르심을 입은 자들에게는 모든 것이 合力하여 善을 이루느니라(롬 8:28)

Member of the
Evangelical Christian
Publishers Association

규장은 문서를 통해 복음전파와 신앙교육에 주력하는 국제적 출판사들의 협의체인 복음주의출판협회(E.C.P.A:Evangelical Christian Publishers Association)의 출판정신에 동참하는 회원(Associate Member)입니다.